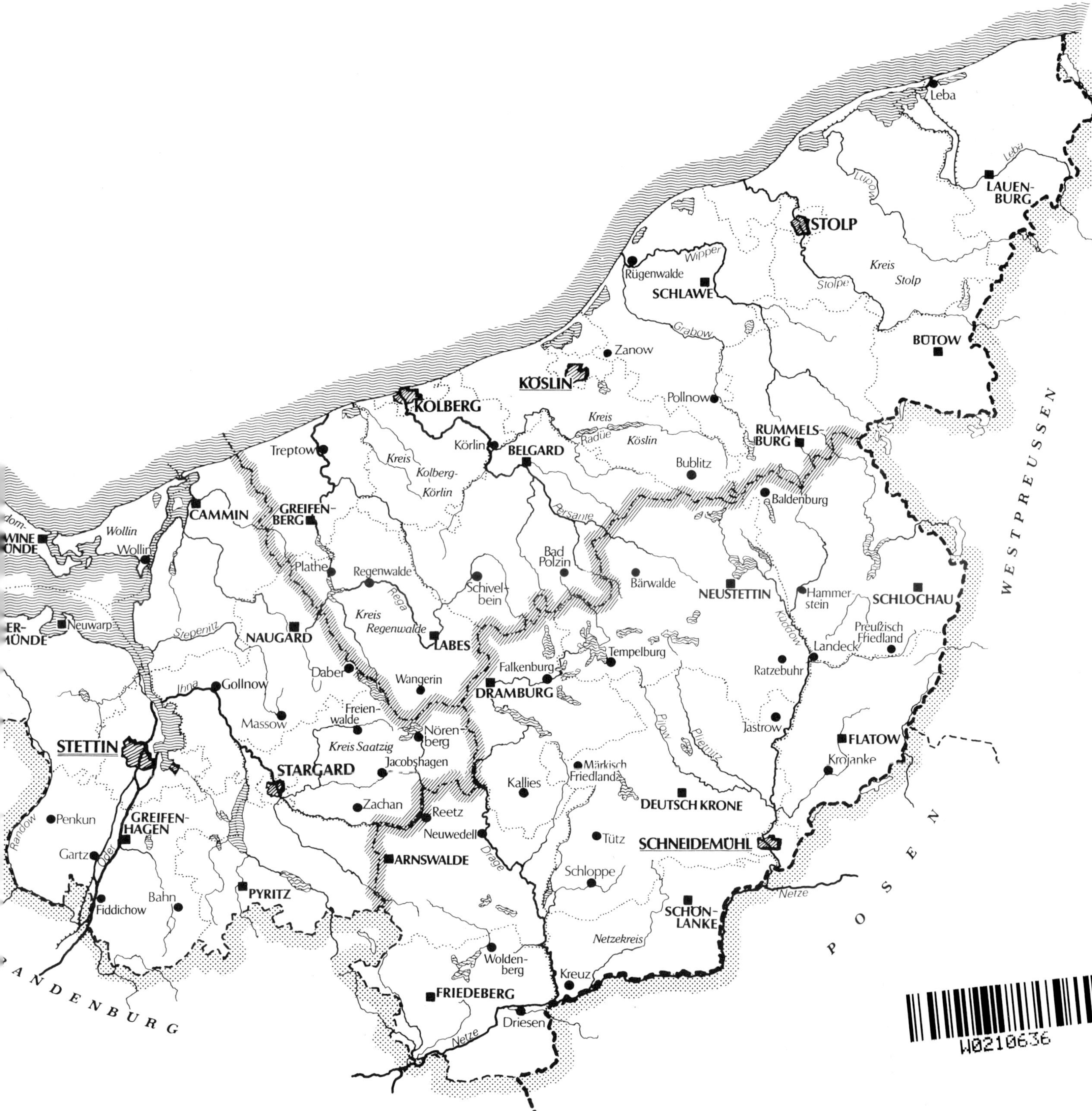

Leba
LAUEN-
BURG
Lupow
Leba
STOLP
Kreis
Stolp
Stolpe
Wipper
Rügenwalde
SCHLAWE
Grabow
BÜTOW
Zanow
KÖSLIN
Pollnow
KOLBERG
Kreis
Köslin
Radüe
RUMMELS-
BURG
Körlin
BELGARD
Treptow
Kreis
Kolberg-
Körlin
Bublitz
Baldenburg
CAMMIN
GREIFEN-
BERG
Persante
Wollin
Wollin
WESTPREUSSEN
Bad
Polzin
Plathe
Regenwalde
Schivel-
bein
Bärwalde
NEUSTETTIN
Hammer-
stein
SCHLOCHAU
Rega
Kreis
Regenwalde
Neuwarp
NAUGARD
Stepenitz
LABES
Preußisch
Friedland
Landeck
Küddow
Tempelburg
Falkenburg
Ratzebuhr
Daber
Wangerin
DRAMBURG
Gollnow
Ihna
Massow
Freien-
walde
Nören-
berg
Plötzow
Pilow
Jastrow
FLATOW
STETTIN
Kreis Saatzig
Jacobshagen
Krojanke
STARGARD
Märkisch
Friedland
Kallies
Zachan
DEUTSCH KRONE
Penkun
GREIFEN-
HAGEN
Reetz
Neuwedell
Tütz
SCHNEIDEMÜHL
Randow
Gartz
Oder
ARNSWALDE
Drage
Schloppe
Netze
Bahn
Fiddichow
PYRITZ
SCHÖN-
LANKE
POSEN
Netzekreis
Wolden-
berg
Kreuz
FRIEDEBERG
Driesen
Netze
ANDENBURG

Hans-Ulrich Engel

POMMERN

Unvergessene Heimat

Hans-Ulrich Engel

POMMERN

Unvergessene Heimat

FLECHSIG

Umwelthinweis:
Dieses Buch und der Umschlag wurden auf chlorfrei
gebleichtem Papier gedruckt.
Die Einschrumpffolie – zum Schutz vor Verschmutzung –
ist aus umweltverträglichem und recyclingfähigem PE-Material.

Titelbild: Stettin an der Oder (Foto: Adam Kraft)
Karte: Ernst R. Döring

Sonderausgabe für Flechsig-Buchvertrieb
Genehmigte Lizenzausgabe für Verlagshaus Würzburg GmbH & Co. KG, Würzburg

Originalausgabe: Adam Kraft Verlag, Würzburg
Gesamtherstellung: Egedsa, Sabadell
Printed in Spain 2000
ISBN 3-88189-157-9

HEIMAT ZWISCHEN DARSS UND LONSKEDÜNE

Das alte Pommern reicht vom Darß bis zur Lonskedüne. An Länge und Weite entspricht das ungefähr der Entfernung zwischen München und Leipzig oder zwischen Berlin und Frankfurt am Main. Kaum ein anderer Teil Deutschlands besaß eine ähnlich umspannende und zugleich geschichtlich erfüllte Ausdehnung. Die Weite reicht auch – wenn man will – von dem einen Urweltwinkel Pommerns zum anderen. Der Darß gleicht einem Urwald – wild, kaum zugänglich. Er ähnelt einem in sich verschlungenen Wild-Wald, dessen Baumstämme sich gegenseitig – vom Wind der Ostsee gepeitscht – umfangen, verästeln und in den Kronen miteinander liebkosen. Doch auch die Lonskedüne im östlichen Teile Pommerns gleicht einer Urweltlandschaft. Auf der schmalen Landzunge – einer Nehrung – zwischen Ostsee und Lebasee reckt sie sich, fünfhundert Meter lang und vierzig Meter hoch, in den pommerschen Himmel, feinsandig und sturmdurchfurcht, eine entfernte Verwandte der von Agnes Miegel besungenen Düne von Nidden.
Genau genommen allerdings reicht Pommern nicht nur vom Darß zur Lonskedüne, sondern es reicht weiter, nämlich vom Darß um die Ecke – wie man in Berlin sagt – bis zur Malerkolonie von Ahrenshoop. Auf Sichtweite beinahe liegt dicht dahinter die Gemeinde Wustrow jenseits der kaum spürbaren mecklenburgischen Grenze schon im Bereich des Landes eines Fritz Reuter. Weit im Osten wieder, hinter Lebasee und Lonskedüne, reicht Pommern auch weiter, nämlich bis zum Zarnowitzer See, der einen Teil der alten Grenze zwischen Pommern und Westpreußen bildet.
Zwischen beiden Polen – also zwischen Darß und Lebasee – dehnt sich der langgezogene Küstenstreif; im Westen, in Vorpommern, zerklüftet und zerrissen mit der Halbinsel Zingst, dann jenseits des Meeresgrabens mit dem schmalen »söten Länneken« Hiddensee, dem Refugium, in dem ein Thomas Mann und ein Gerhart Hauptmann Ruhe und Geborgenheit suchten. »Der erste Eindruck«, schrieb der Schlesier nach seiner Begegnung mit dem pommerschen Inselchen, »den man von Hiddensee empfing, war der von Weltabgeschiedenheit und Verlassenheit. Das gab ihm den grandiosen und furchtbaren Ernst unberührter Natur und dem Menschen, der in dieses Antlitz hineinblickte, jene mystische Erschütterung, die mit der Erkenntnis von den Grenzen seines Wesens und der menschlichen Kultur überhaupt verbunden ist.«
Sozusagen im Rücken von Hiddensee drängt sich das von Meeresarmen gezeichnete Rügen in die blauende Ostsee – mit dem Jasmunder Bodden im Norden, dem ausladenden Greifswalder Bodden im Süden, mit dem Prorer Wiek vor der Badeküste von Binz und dem Tromper Wiek zwischen Kap Arkona – »meerumschlungen und kreidegrün«, wie Gerhart Hauptmann es ausdrückte – und dem Felsen von Stubbenkammer im Nordosten, dem Adalbert von Chamisso sein schwermütig-liebenswertes Gedicht von der »Jungfrau von Stubbenkammer« widmete.

»Ich trank in schnellen Zügen
das Leben und den Tod
beim Königsstuhl auf Rügen
am Strand im Morgenrot.«

Der streitbare Friedrich Schleiermacher schrieb auf dieser besungenen Insel Rügen – die Deutschland auch einen Ernst Moritz Arndt schenkte – das hintersinnige Wort: »Eifersucht ist eine Leidenschaft, die mit Eifer sucht, was Leiden schafft.« Der Rügendamm verbindet seit vielen Jahren die romantische, geschichtsträchtige und vielleicht auch Leidenschaften provozierende Insel mit dem Festland, genauer gesagt, mit dem alten Stralsund, das noch immer stolz – und fast unnahbar – sein Haupt in die Höhe reckt, als wäre es noch heute nach dem Worte Wallensteins »mit Ketten an den Himmel« geschmiedet. Erinnerungen vielfältigster Art drängen sich in diesem Winkel Pommerns zusammen – Erinnerungen an das »Mönchsguter Tagebuch« eines Cäsar Flaischlen, Erinnerungen an den Greifswalder Hans Fallada und auch Erinnnerungen an Kurt Tucholsky, der im Lande zwischen Peene und Randow, zwischen Anklam und Ueckermünde seiner Claire aus dem »Rheinsberger Bilderbuch für Verliebte« augenzwinkernd eine literarisch-phantastische Heimat schenkte. Anno 1921 notierte der Spötter Tucholsky: »Die Claire existiert noch. Sie lebt als eine wacklige, etwas tropfnasige Alte in Ducherow, unweit Pasewalk, wo sie Neugierigen vom Rathauskastellan gegen ein Entgelt von fünfundzwanzig Pfennigen gezeigt wird.« Eine halbe Autostunde von der feinsinnig erdichteten Heimat der Rheinsberger Claire entfernt, winden sich die Gassen von Greifswald, der »alten Stadt am Pommernstrand«, deren biedermeierlich verklärte Schönheit Caspar David Friedrich allen Deutschen überlieferte. Weit draußen vor dem Greifswalder Hafen, dessen Bild der gleiche Caspar David Friedrich wieder und wieder auf seine Landwand bannte, lugt die Greifswalder Oie, das winzige Eiland, aus dem wogenden Wellenspiel der Ostsee empor und mahnt nächtens die Schiffer, die von Stettin über Swinemünde, vorbei am Fährhafen Saßnitz in die offene See steuern.

Die Greifswalder Oie bietet zugleich so etwas wie eine leise Vorahnung der Inseln Usedom und Wollin, die sich schützend und schirmend vor dem Stettiner Haff dehnen, durchflossen von der Peene im Westen, der Swine im Herzen und der Dievenow im Osten. Die Mitte beider Inseln bildet Swinemünde, das Städtchen, in dem ein Theodor Fontane seine Jugend verlebte und zweifelnd und spottend später über diesen pommerschen Hafen berichtete. Das Leuchtfeuer von Swinemünde, das übrigens nicht auf Usedom, sondern auf Wollin im Stadtteil Ostswine aufblinkt, weist den Schiffern den Weg zur Swine, zur Kaiserfahrt und damit nach Stettin. Fontane nannte Swinemünde »ein unschönes Nest«. Doch zur Rechten und zur Linken des Städtchens verstecken sich in der weitausladenden Küstenlandschaft Bäder von in der Tat internationalem Rang: Koserow und Heringsdorf, auch Bansin und Ahlbeck auf Usedom; das eher einem noblen Publikum aufgeschlossene Misdroy und West-Dievenow auf Wollin. Umfangen werden die Inseln von Stätten der Geschichte: Von Wolgast am vorpommerschen Ufer, dem Ort, in dem der Maler und Dichter Philipp Otto Runge geboren wurde, der allen Deutschen das im pommerschen Platt geschriebene Geschichtchen vom »Fischer un syner Fru« schenkte.

»Manntje, Manntje, Timpe te,
Buttje, Buttje in der See,
myne Fru, de Isebill,
will nich so, as ik wol will.«

Und am mittelpommerschen Ufer reckt sich das altertümliche Cammin mit seinem gotischen Dom empor. Hinter beiden Polen aber, hinter Wolgast und Cammin, hinter Usedom und Wollin, hinter dem Haff und dem Papenwasser weiten sich dicht hinter dem Ufer des Damm'schen Sees die Straßen Stettins. Dort erlebte und schilderte ein Carl Ludwig Schleich die »Besonnte Vergangenheit« seiner Heimat. Dort musizierte ein Carl Loewe an der Orgel. Dort trieb ein Marschall Wrangel – der mit der deutschen Sprache beständig auf Kriegsfuß stand – seine oft recht barocken Späße.

Östlich der Oder-Stadt Stettin dehnt sich das vielgesichtige, ganz unterschiedliche Züge zeigende Mittel- und

Hinterpommern. »Wo de Ostseewellen trekken an den Strand« ducken sich an der Küste die Bäder Horst und Deep, Henkenhagen und Bauerhufen, Großmöllen und Jershöft, um nur einige Namen anzusprechen. Land, aus Sand gebaut, von den Ostseewellen umkost, von unendlich weiten Äckern gesäumt und von einem Waldsaum beschirmt.

»Tanzende Segel am Horizont.
Gelb der Weizen im Sommerwind.
Blau das Meer – die Bucht besonnt.
Selig im Sand das spielende Kind.«

Neben den Bädern liegen die oft ein wenig verschlafen wirkenden Landstädte – Nettelbecks Kolberg und das geschäftige Rügenwalde; ein wenig abseits der Küste Treptow an der Rega, Köslin und Belgard, Schlawe und Stolp. Die Städte wirken jedoch nur verschlafen. Sie verdeutlichen aber besonders im Rückblick gelebte deutsche Geschichte. In Köslin gab es schon 1914 einen Flugplatz. In Stolp wuchs Heinrich von Stephan auf, der spätere deutsche Reichspostmeister. In Lauenburg wurde Paul Nipkow geboren, der Erfinder der Fernsehscheibe. Man muß es sich vor Augen halten: Nipkow ersann dies Gerät – ohne das unser heutiges Fernsehen undenkbar wäre – in einem Städtchen, in dem es damals noch nicht einmal elektrisches Licht gab. Im alten Schlawe wieder wurde Hans Bredow geboren, der vielzitierte »Vater des Deutschen Rundfunks.« Doch auch in Vorpommern waren die verschlafen wirkenden Städtchen in Wahrheit keineswegs verschlafen. In Anklam beispielsweise lebte Otto Lilienthal, an dessen Denkmal in der Peene-Stadt das Wort des großen Flugpioniers zu lesen steht: »Die Macht des Verstandes wird auch im Fluge dich tragen.«
Pommern besitzt viele Gesichter: Es ist Küstenland und Bauernland zugleich. Es besitzt – was niemand in diesem Winkel Deutschlands erwartet – einen Landesteil, der wegen seiner liebenswerten landschaftlichen Schönheit rings um den Dratzig-See den Ehrennamen Pommersche Schweiz trägt. Bad Polzin und Tempelburg begrenzen diesen malerischen Bereich Ostdeutschlands.
Schließlich aber verbinden sich vielfarbige Tupfer der Geschichte mit den Städten Pommerns: Bütow mit seinem Deutschordens-Schloß, Stolp mit seinen Erinnerungen an Marschall Blücher, Schivelbein mit dem Ruhm des Mediziners Rudolf Virchow und Stralsund mit dem Tod des Ferdinand von Schill.
Pommern ist geteilt. Aber geblieben ist die Erinnerung. Geblieben ist die Geschichte, Geblieben ist die Legendenwelt zwischen Vineta und dem Madü-See. Geblieben ist die unverwechselbare Schönheit der Landschaft; und geblieben sind – am Ende – die steinernen Male der Vergangenheit: Das hochgiebelige Rathaus in Stralsund, der windumtoste Chor des Kirchleins Hoff an der See, die malerische Klosterruine Eldena vor den Toren Greifswalds, der Mariendom in Kolberg, die Jakobi-Kirche in Stettin, das feingliedrige Rathaus in Stargard, das wegen seines städtebaulichen Reizes oft als »Pommersches Rothenburg« bezeichnet wird. Das Land, dem noch heute, noch immer das »Sehnen vieler Deutscher zugewandt« ist, besitzt unzählige Narben. Aber die Grundzüge seines vertrauten und unverwechselbaren Antlitzes hat es bewahrt.

GESCHICHTE IM HERZEN DEUTSCHLANDS

Die Vergangenheit Pommerns zeigt erstaunliche Akzente. Sie steckt voller Gegensätzlichkeiten. Sie besitzt Farben, die sich einander überdecken. Die Weite dieser pommerschen Geschichte reicht vom legendenumklungenen

Vineta an der Odermündung bis zu dem in Peenemünde auf Usedom entwickelten kriegerischen Element der Raketen. Sage und Wirklichkeit, Romantik und Härte begegnen sich in diesem Teile Deutschlands. Aber noch ein zweites, eher bedrückendes Element drängt sich in die pommersche Geschichte: Die Tragik der Teilung.

In seiner vielhundertjährigen Vergangenheit wurde Pommern wieder und wieder, Jahrhundert für Jahrhundert, auseinandergerissen. Melancholisches Zeichen dafür ist die gegenwärtige Grenzlinie, die sich vom Stettiner Haff zum vorpommerschen Festland zieht und dort Altwarp von Neuwarp trennt; in Altwarp wird immer noch deutsch, in Neuwarp wird jetzt polnisch gesprochen.

»O Mensch, du hat ein Vaterland,
ein heiliges Land, ein geliebtes Land.«

Das »geliebte Land« Pommern, um im Bilde zu bleiben, trug in der Frühzeit deutscher Geschichte den Namen Pomorje, was soviel bedeutet wie »Land am Meer.« Nicht zufällig haben die Dänen – spater auch die Schweden – wieder und wieder versucht, in diesem Winkel Europas Fuß zu fassen. Erste Zeichen deutscher Geschichte scheinen im Zeitalter Heinrich I., des Voglers auf. Doch diese Zeichen verdeutlichen sich erst gut ein Jahrhundert darauf, als Otto von Bamberg seine beschwerlichen Missionsreisen vom damals schon lange christlichen deutschen Sprachraum in das noch heidnische Land an der Ostsee unternimmt. Das war zugleich die Zeit, in der das slawische Greifengeschlecht die Herzogswürde im Gebiet an der Odermündung ertrotzt und erhält.

Otto von Bamberg wird nicht nur mit Beifall in »Pomorje« bedacht. Sein erstes Missionswerk scheitert. Die Menschen am Unterlauf der Oder rufen wieder ihre heidnischen Götter um Hilfe an. Ein zweiter Versuch der Christianisierung ist nötig und führt – anno 1128 – schließlich zum Ziel. Auf einer Anhöhe im südwestlichen Teil der Insel Usedom beugen sich die damaligen politischen Häupter des Landes vor dem Kreuz und empfangen durch Otto von Bamberg die Taufe. Ein Denkmal erinnert bis heute an dieses Ereignis. An seiner Wandung steht die Inschrift zu lesen: »An dieser Stätte nahmen an Pfingsten 1128 die Führer der Wenden in Westpommern das Christentum an.« Darunter ist ein in Erz gegossenes Wort des missionierenden Bischofs eingeprägt: »Gott will nicht erzwungenen, sondern freiwilligen Dienst.«

Otto von Bamberg war auf heute abenteuerlich anmutende Weise nach Pommern gezogen: Mit einem Schifflein havelabwärts, dann zu Roß durch den Ostteil Mecklenburgs bis zum vorpommerschen Demmin an der Peene und von dort schließlich peeneabwärts bis Usedom. Das mit Zähigkeit durchgesetzte Werk des Geistlichen führte nicht allein zur Christianisierung Pommerns, sondern auch zur Gründung des Bistums Wollin, das bald unter der Bezeichnung »exemtes Bistums« unmittelbar dem Heiligen Stuhl untergestellt wurde.

Der Christianisierung folgte die Kolonisierung auf dem Fuße, übrigens genau aus der Himmelsrichtung, aus der Otto von Bamberg auf seiner zweiten Missionsfahrt nach Pommern angereist war. Anno 1134 wurde der Askanier Albrecht der Bär mit der Altmark belehnt und wenige Jahre darauf nahm Heinrich der Löwe die Herzogswürde von Sachsen an. Albrecht der Bär rief die Zisterzienser ins Land, gründete in der Mark die Klöster Chorin und Lehnin, die beide weit über den brandenburgischen

Karte von Rügen aus dem Jahre 1597. Ungeachtet der damals noch recht bescheidenen Möglichkeiten, das Land zu vermessen, zeigt die Karte in erstaunlicher Wirklichkeitsnähe die Umrisse der zerklüfteten Insel.

MARE
Rugia Ins
Typus
Hidde See
Rapp
Schogart
Gellendt
Barth
Bergen
Ramhln
Die Veere
Kagen
Pene
Stralsundt
deshagen
Frantz burg
Horst
Enphiswaldia citse Aequinotkum ver num Anno 1597. FF. M Wolffius.

Raum hinaus nach Pommern hineinwirkten. Heinrich der Löwe machte wieder die slawischen Herzöge Pommerns zu seinen Lehnsträgern und gewann damit das Land am Unterlauf der Oder dem Deutschtum.
Beider Wirken führte zu Kirchen- und Klostergründungen in Cammin und Eldena, in Belbuck und Kolbatz, das übrigens anno 1175 entstand, genau in dem Jahr, in dem weit südlich in Schlesien Kloster Leubus an der Oder ins Leben gerufen wurde. Mit den Mönchen kamen dann deutsche Siedler ins Land. Aber beider Wirken – des Brandenburgers und des Sachsen – erforderte auch Einsatz und stieß zugleich auf Widerstände. Um die Mitte des 12. Jahrhunderts war ein sogenannter Wenden-Kreuzzug vonnöten, um dem Kreuz seine Stätte und seine geschichtlich sinngebende Aufgabe zu bewahren. Auch die Dänen griffen in dieses Stützungswerk ein und zerstörten in der Nähe von Kap Arkona auf Rügen das große heidnische Heiligtum Swantewit. Als dann Ruhe eingekehrt war, zerstritt sich Heinrich der Löwe mit den Staufern. Friedrich Barbarossa entsetzte ihn seiner sächsischen Herzogswürde und nahm zugleich die Herzöge Pommerns als Lehnsträger seines Kaisertums in den Schutz des Reiches.
Diese Tat wirkte – ungeachtet aller Machtschwankungen im Zeitalter der Staufer – als Signal. Es kam bald darauf zu Städtegründungen. Wie in einem Generationswerk wurden über die Spanne eines Jahrhunderts hinweg im Zuge von Westen nach Osten Städte auf dem Boden Pommerns geboren: 1234 Stralsund, 1263 Pyritz, 1290 Naugard und 1341 Lauenburg. Zum Aufbau aber gesellte sich das wie ein Menetekel anmutende Zeichen der Teilung. Es kam zu Erbstreitigkeiten im Herzogshaus und damit zur Zerreißung von Landesteilen. Zugleich aber griffen die Luxemburger, die das erloschene Erbe der brandenburgischen Askanier an sich gerissen hatten, tief nach Pommern hinein. Sie besaßen als Landesherren in der Mark auch die Neumark, die sich damals weit über Drage und Netze hinaus nach Norden streckte bis nach Schivelbein hin.
Wenig später kam es zu neuen, ganz anderen Konflikten. In der Zeit, in der die Universität Greifswald gegründet wurde, beerbte die Hanse Zug um Zug die Dänen, die sich ungeachtet aller formellen Zugehörigkeit Pommerns zum Reich insgeheim als Landesherren empfanden. Stettin und Rügenwalde, Greifswald, Stolp und Gollnow erhielten damals – als wirksame Konkurrenz der Dänen – Hansekontore. Doch trotz aller internen Reibereien zwischen dem Reich und den pommerschen Herzögen, auch zwischen den Dänen und der Hanse, blühte damals im 15. Jahrhundert in den Anliegerstaaten der Ostsee eine politische Idee auf, die – wäre sie verwirklicht worden – einen ähnlichen Staatenverbund hätte entstehen lassen können wie in den Ländern, die der Krone der Habsburger verbunden waren. Die Idee bestand darin, Dänemark, Schweden, Norwegen, Pommern und die baltischen Gebiete zwischen Libau und Reval einer gemeinsamen politischen Autorität unterzuordnen. Der Gedanke aber blieb unverwirklicht. Es wurde geplant, gesprochen, aber nicht gehandelt. Der scharfzüngige Ernst Moritz Arndt hat diese erstaunliche Tatenlosigkeit einmal mit dem grimmigen Wort gegeißelt: »Wir versinken gern in Träume und Erinnerungen. Wir haben eine klimatische und volkstümliche Schlodderigkeit und Schwerfälligkeit, die immer wieder geweckt und aufgeschüttelt werden muß.«
Doch alles Wecken und Aufschütteln führte zu nichts oder führte nur – wieder und wieder – zu Irritationen. So fielen nach dem Zweiten Thorner Frieden die lange Zeit zum Gebiet des Deutschen Ordens gehörenden Städte Lauenburg und Bütow als polnisches Lehen an Pommern. Kurz darauf kam es – nach dem Erlöschen des Stettiner Herzogshauses – zu Erbfolgestreitigkeiten.

Brandenburg meldete – allerdings vergeblich – einen Anspruch auf Pommern an. Wenig später wurde eine Erbteilung beschlossen, die wiederum eine Teilung Pommerns bewirkte. Es gab darauf ein Herzogtum Wolgast, zu dem Vorpommern zählte; und es gab das Herzogtum Stettin, dem Mittel- und Hinterpommern angehörten.
Unmittelbar danach sprach sich der Pommersche Landtag in Treptow an der Rega für die Einführung der Reformation in Pommern aus. Das war die Stunde des vielzitierten »Doktor Pomeranus«, des in Wollin – auf Wollin – geborenen Mitstreiter Martin Luthers, des Pastors und früheren Lateinschullehrers Johannes Bugenhagen. Dieser wortgewaltige Mann prägte über den Wittenberger Reformator das gewichtige Wort: »Die ganze Welt ist blind und von kümmerlicher Finsternis begraben, nur dieser eine Mann allein siehet die Wahrheit.«
Pommern erlebte die Wahrheit – Frieden und Ruhe über einige Jahrzehnte hinweg, bis dann Wallenstein vor den Toren Stralsunds stand, bis der Dreißigjährige Krieg das Land schüttelte und den Menschen an der Ostseeküste unsägliches Leid bescherte. Mitten im Krieg aber starb auch – wieder einmal – das Pommersche Herzogshaus aus. Brandenburg meldete erneut vor aller Welt seinen Anspruch auf Erwerb dieses Teils Deutschlands an und wurde wiederum politisch aus dem Felde gedrängt. Die Schweden fielen in das Land ein und zwangen den Brandenburgischen Kurfürsten in Berlin zum Verzicht auf seinen angemeldeten Anspruch auf Pommern.
Erst der Westfälische Friede brachte den Hohenzollern eine gewisse politische Genugtuung. Sie erhielten Cammin und Hinterpommern. Vorpommern dagegen fiel an Schweden. Wenig später jedoch, durch den Frieden von Oliva, bekam Brandenburg auch die früheren Deutschordens-Gebiete um Lauenburg und Bütow zugesprochen. Dann aber flammte ein neuer Streit auf. Die Schweden brachen – während sich der Landesherr, der Große Kurfürst, auf Reisen befand – in Brandenburg ein. Der hernach durch Heinrich von Kleist verklärte Prinz von Homburg rettete die Situation. Er schlug die Schweden bei Fehrbellin. Darauf gewannen die Brandenburger die militärische Oberhand und besetzten Wolgast, Anklam, Rügen, auch Usedom und Wollin. Doch die Hoffnung des Kurfürsten, diese pommerschen Landesteile damit zu gewinnen, zerschlug sich. Es mußten noch einige Jahrzehnte vergehen, bis sich die Ansprüche der Hohenzollern erfüllten. Das geschah nach der Niederlage des Schwedenkönigs Karl XII. bei Poltawa. Der König flüchtete quer durch Europa und konnte bei Stralsund nur mit letzter Kraft ein Schiff erreichen, das ihn nach Schweden brachte.
Der Frieden, der darauf in Stockholm besiegelt wurde, trug Brandenburg-Preußen Mittelpommern mit Stettin ein. König Friedrich Wilhelm I. war von den neuen Bürgern, die von nun an seiner Krone unterstanden, ungemein angetan. »Die pommerschen Wassallen,« schrieb er, »seindt getreu wie goldt.« Aber leise stirnrunzelnd fügte er doch hinzu: »Sie Ressonnieren wohl bißweilen.« Die allerdings nicht nur gelegentlich »Ressonnierenden« Pommern erlebten unter dem Soldatenkönig, aber auch in der Zeit Friedrichs des Großen, ein bedeutendes Aufbauwerk. Siedler aus vielen Landesteilen Deutschlands, und auch aus Böhmen, kamen nach Pommern, um dort zu leben, wo die Krone Preußens zum Wohle des Volkes das Land kolonisierte, aber auch Moore und Brüche trocken legte.
Doch den Pommern blieben – trotz allen Aufbaus – auch in der Folgezeit Leiden und Kriege nicht erspart. Im Siebenjährigen Krieg fielen die Russen mehrfach in das Land ein und – wenige Jahrzehnte darauf – in der Ära Napoleons, kam es zu vielen demütigenden Aktionen. Wie ein Fanal – wie ein Zeichen mannhafter Tapferkeit

des Herzens – wirkte damals die Verteidigung Kolbergs durch Joachim Nettelbeck und Neidhardt von Gneisenau. Wie ein Preis für diese Tapferkeit erhielt Preußen nach dem Beschluß des Wiener Kongresses dann endlich Vorpommern mit Rügen. Damit war das zerissene Pommern nach langer Zeit wieder vereint.
Aber die Freude wurde doch getrübt durch mancherlei politische Engstirnigkeiten. Ernst Moritz Arndt schrieb – lange Zeit, nachdem Vor-, Mittel- und Hinterpommern wieder vereint waren, das nachdenkliche Wort: »Aber der Mensch ist Mensch, und wenn er gleich gelernt hat, daß man immer von etwas Höherem begeistert sein muß, um die Erde überhaupt nicht zu klein anzusehen, so ermüden doch die Plackereien der gemeinen Tücken und lauernden Bosheit auch den Kühnsten.«
Pommern erlebte, trotz mancher Enttäuschung, wieder Frieden und Ruhe. Es wurde im Norden zu einer Art Herzkammer Deutschlands, zu einem Land, in dem ein Otto von Bismarck aufwuchs und sich mit Hingabe – auch später – innerlich bekannte. Erst der Weltkrieg trug dann wieder Unruhe nach Pommern hinein. Durch den Versailler Vertrag wurde Pommern im Osten, zum »Korridor« hin, zum Grenzland. Teile des alten Westpreußen bildeten seit 1919 unter der Bezeichnung »Grenzmark Posen-Westpreußen« die südöstliche Grenze Pommerns. Dieser, wie es einmal ausgedrückt wurde, »vom Schicksal zerzauste Landstrich« reichte von Baldenburg – südlich von Rummelsburg, über Schlochau, Flatow, Schneidemühl und Schönlanke bis zum Knotenpunkt der Ostbahn Berlin-Königsberg in Kreuz an der Netze.
Pommern selbst aber wurde damals nicht geteilt, geographisch nicht angetastet. Doch es litt. Es litt an dem, was nach 1933 geschah. Der pommersche Junker Ewald von Kleist-Schmenzin ist – stellvertretend für viele Opfer dieser unmenschlichen Zeit – dafür beredter Zeuge. Am Ende jedoch wurde Pommern – wurden auch die Pommern – selbst zum Opfer. Das Kriegsgeschehen traf ihr Land. Während die Flüchtlingsströme aus dem Osten, aus Ostpreußen und aus dem Wartheland nach Westen strömten, drangen die Russen über Bad Polzin und Belgard bis Kolberg vor. Pommern war – wieder einmal – geteilt, abgeschnitten, unpassierbar auch für die Flüchtlinge aus dem Osten. Kurz bevor die Russen Kolberg erreichten, durchritt – im Sinne des Wortes – eine berufene Zeitzeugin Pommern. Sie kam von Ostpreußen her: Marion Gräfin Dönhoff. In Pommern machte machte sie bei der Gräfin Bismarck in Varzin Station. Die Gräfin hatte nicht vor, Varzin zu verlassen. Sie hatte sogar vor der Zeit, »weil nachher niemand mehr Zeit dafür haben werde«, für sich ein Grab ausheben lassen. Marion Gräfin Dönhoff aber verließ Varzin wieder. Den Abschied beschrieb sie mit den Worten: »Als wir weiterritten, sah ich mich auf halbem Wege zum Gartentor noch einmal um. Sie stand gedankenverloren in der Haustür und winkte mit einem sehr kleinen Taschentuch. Ich glaube, sie lächelte – genau konnte ich es nicht sehen.«

Kurz darauf brach über Pommern, über Mittel- und Hinterpommern, das Verhängnis herein: Drangsal und Not, Besetzung und Vertreibung. Auf der Konferenz von Potsdam wurde dann von den Siegermächten eine Grenzlinie vereinbart, die bis heute Pommern wieder in zwei Teile trennt. Vorpommern mit Rügen und Usedom, bis auf Swinemünde, blieb bei Deutschland; über Wollin, Stettin, über Mittel- und Hinterpommern wehen seither die Farben Polens. Die Pommern mußten bis auf eine verschwindende Minderheit ihre Heimat verlassen. In ihre Städte und Dörfer, in ihre Höfe und Häuser zogen Polen, die – ebenso wie die aus ihrer Heimat gedrängten Pommern – Vertriebene waren. Sie kamen aus den Gebieten Polens, die 1945 von der Sowjetunion beansprucht wurden.

Pommern ist heute wieder geteilt, wieder zerrissen, wie so häufig in seiner oft glücklosen Geschichte. Doch über alle Düsternis hinweg schenkt – vielleicht – ein Wort von Ernst Moritz Arndt Hoffnung und Zuversicht:

»Europa, das sich kindisch so lange
mit BLut befleckt hatte,
bilde sich in Gemeinschaft
zur Menschheit.«

CHARAKTER UND CHARAKTERE

»Die Pommern«, steht in einer alten Chronik zu lesen, sind »großen Leibes, gutwillig, arbeitsam, nicht Liebkoser oder Schwätzer, sondern redlich und wahrhaftig.« An anderer Stelle heißt es in dieser im barocken Deutsch überlieferten Charakteristik: »Sie sind vom gestrengen Himmel, da sie unter wohnen und von den alten Wenden noch viel Grobheit haben. Es ist ein fressig, zehrend und prächtig Volk.«

Ein typischer Vertreter dieses »prächtigen Volkes« war Heinrich George. Er begann seine Schauspielerlaufbahn in Kolberg und hat hinterlassen, wie er sich dort in der Ostseestadt als Mensch, als Künstler und eben auch als echter Pommer artikulierte. »Als Anfänger wohnte ich in einem Hinterzimmer in der Persantestraße. In meiner Freizeit rannte ich auf die Mole hinaus und veranstaltete Stimmproben, indem ich mit aller Kraft die Worte aufs Meer hinausbrüllte. Wie ein Berserker übertönte ich Wind und Wellen und freute mich über meinen Sieg über die Elemente.« Gerhart Hauptmann nannte Georges stimmgewaltige Kunst später »mitgeboren und ganz seiner Natur« entsprechend.

Diese »berserker«-hafte Stärke und bis zu einem gewissen Grade unbändige Kraft ist so etwas wie eine Landeseigenart. Beredter Zeuge dafür kann Goethes Freund Karl Friedrich Zelter sein, der nach einer Reise durch Pommern das süffisante Wort nach Weimar schrieb: »Das Geschlecht ist kräftig und wohl- ja edelgebildete Frauengestalten aller Stände finden sich in ganz Pommern.« Die Deutschen zwischen Darß und Lonskedüne waren in der Tat stark von Statur, aber sie verstanden es auch, ernsthaft an sie gerichtete Fragen in kraftvoller Charakterstärke bewußt mißzuverstehen. Wenn da jemand fragte: »Wie stark ist Ihre Familie?« – dann konnte der Fragesteller leicht die unzweideutige Antwort hören: »Wenn wir zusammenhalten, verhauen wir das ganze Dorf.«

Schon Friedrich der Große faßte sein Urteil über die Pommern in dem ein wenig ernüchternden Satz zusammen: »Die Pommern haben einen geraden und schlichten Sinn.« Das war aber durchaus nicht abwertend gemeint. Das Wort des Königs sollte nur verdeutlichen, daß die Pommern durchaus nicht nur zuweilen rechte Dickschädel besitzen; übrigens wortwörtlich. Wenn da nach einer grimmigen Redensart irgendwo ein Pferd ausschlägt und den Pommern dort trifft, wo gemeinhin der »Brägen« liegt, dann gibt es – auch zuweilen – gut und gerne keinen zerschmetterten Schädel als Ergebnis des Zusammenpralls, sondern es gibt eher gebrochene Pferdebeine. »Kopparbeit«, sagt man – nicht ohne Grund – im Lande zwischen Greifswald und Köslin, »is de schworst. Dat seih ik an minen Ossen.« Zu Deutsch: »Das sehe ich an meinem Ochsen.«

Das alles freilich weist auch auf eine Charaktereigenschaft, die diesen Deutschen eigen ist: Nämlich die Lust am Übertreiben. Der pommersche Psychiater Oswald Bumke prägte dazu das hintersinnige Wort: »Menschen, die nie Dummheiten machen, sind prächtige Leute – nur leiden kann man sie nicht.« Auf die Pommern traf dies Bonmot nur bedingt zu, denn sie machen – um im Bilde zu bleiben – durchaus ihre eigenen »Dummheiten« und man kann sie daher, nur folgerichtig, auch gut leiden. In einer Chronik, die anno 1540 – also in dem Jahr niedergeschrieben wurde, in dem Caspar Theyß das Berliner Schloß an der Spree zu bauen begann, findet sich in der Sprachmelodie des altväterlichen Deutsch der damaligen Zeit der Hinweis: »Das Folck ist mehr guthertzik wan freuntlich und mehr simpel wan klug.« Das ist freilich – nahezu – nicht allein auch wieder eine Übertreibung, sondern beinahe eine Unterstellung – übrigens trotz des zwischen Lebasee und Rügen – und darüberhinaus – immer wieder kolportierten bösen Wortes, die Pommern wären im Sommer so dumm wie im Winter, nur im Frühjar wären sie ein wenig klüger. Immerhin aber – und das ist eigentlich eine solide Ehrenrettung – werden die rings um die Oder-Mündung lebenden Pommern in einer erst 1922, also am Rande der Gegenwart, niedergeschriebenen »Illustrierten Völkerkunde« als »stolzes, trotziges Geschlecht« bezeichnet.

Für diesen fast sprichwörtlichen Trotz gibt es manchen Beweis. Bereitet da der Pastor Herzog Boleslaw IV. auf die letzte Reise vor und mahnt den Landesfürsten, der ein erprobter Zecher vor dem Herrn war, daß es da dort droben bei den himmlischen Heerscharen nichts zu »suupen« geben würde. Worauf sich der schon fast tote Herzog noch einmal aufrichtet, dröhnend lacht und dann dem Geistlichen mit kräftiger Stimme erklärt: »Ach, min leiw Paster, denn kennen Sei Bufslaffen nich.«

Johannes Bugenhagen, der als Lateinschullehrer in Treptow an der Rega, dann als Mitstreiter Martin Luthers seine bieder-kräftigen Landesleute wohl kannte, hinterließ die Einsicht: »Die Pommern sind sehr human, bescheiden, schätzen niemand gering, der sich nicht selbst geringschätzt, indem er andere verachtet.« Caspar David Friedrich hat dies Urteil des Pommern Bugenhagen über seine pommerschen Mitbrüder mit einem wie mit dem Malerpinsel niedergeschriebenen Wort bestätigt: »Der Mensch richtet seinen Mitmenschen nach dem, was er getan und wie er gehandelt, und kann wohl auch nicht anders. Aber das höchste Wesen richtet nach dem, was der Mensch unterlassen und wie er sich selbst bekämpft: Nur der, so das Innere durchschauet und ins Verborgene siehet, richtet recht.« Und – um wiederum im Bilde zu bleiben – »ins Innere« sah, durchaus auch selbstkritisch, Otto von Bismarck in seiner Kniephofer Zeit. In einem Brief des späteren Kanzlers findet sich der Satz: »Mein Umgang besteht in Hunden, Pferden und Landjunkern, und bei letzteren erfreue ich mich einigen Ansehens, weil ich Geschriebenes mit Leichtigkeit lesen kann, mich zu jeder Zeit wie ein Mensch kleide und dabei ein Stück Wild mit der Sicherheit eines Metzgers zerwirke, ruhig und dreist reite, ganz schwere Zigarren rauche und meine Gäste mit freundlicher Kaltblütigkeit unter den Tisch trinke«. Das war wohl eine Lebensart, die selbst der eher zurückhaltende Stettiner Carl Ludwig Schleich mit dem Hinweis bekräftigte: »Ich glaube, Selbstbewußtsein mit einigem, wenn auch bescheidenen Grunde ist das größe Bankkapital. Sicher das sicherste.«

Charakterisch für die mehr auf nüchterne Selbstbesinnung zielende Wesensart der Pommern war auch die Lebensregel Heinrich von Stephans. Sie lautete:

»Denke, was du willst,
tu, was du sollst,
hüte, was du fühlst,
schweige, wenn du grollst.«

Heinrich von Stephan war, wie Theodor Heuß es einmal ausdrückte, »kleiner Leute Sohn.« Aber gerade »diese geringe Herkunft,« urteilte der verstorbene Bundespräsident, »mußte in der Zeit des großbürgerlichen Aufschwungs beispielhaft wirken: Dem Talent stand der Weg offen, wenn es sich mit Fleiß und Charakter paarte.«

Heinrich von Stephan (1831-1897) wurde in Lauenburg geboren und avancierte unter den Hohenzollern zum Generalpostmeister des Deutschen Reiches. Er gilt bis heute – als Reorganisator der Deutschen Post.

Ein echter Pommer darf, wie Ernst Moritz Arndt notierte, »an Gott und Vaterland nicht verzweifeln.« Nicht unbegründet schrieb Friedrich der Große in sein »Politisches Testament« die Sätze hinein: »Die Pommern haben etwas Ungekünsteltes. Sie würden nicht ohne Geist sein, wenn sie besser gebildet wären. Niemals aber werden sie schlau oder verschlagen sein. Der gemeine Mann ist argwöhnisch und hartnäckig. Sie sind eigennützig, aber weder grausam noch blutrünstig, und ihre Sitten sind sanft. Man bedarf also keiner Strenge, um sie zu regieren.« Ein pommersches Sprichwort erklärt diese Eigenart auf eindringliche Art.

»Hull din Mun
un do din Wark!
Steik di nich in jeden Quark!
Nix as dusent flitig Hänn
maken unser Not en Enn.«

Dieser Anschauung fühlten sie sich verbunden. Es gibt Zeugen und Zeugnisse dafür – wie Ewald von Kleist, der bei Cunersdorf auf den Tod verwundet wurde und seinem Freund Gotthold Ephraim Lessing als literarisches Vorbild für die Gestalt des Majors Tellheim in der »Minna von Barnhelm« diente. Auch Joachim Nettelbeck kann als Zeuge dieser Gesinnung gelten, der Kolberger Bürger nämlich, der nach dem Bekenntnis Gneisenaus Mut zeigte »in einer Zeit, wo oft Kleinmut die Herzen beschleicht.« Alexander von Humboldt gehört ebenso zu diesen unverwechselbaren Charakteren. Wenn auch mit dem Schlößchen Tegel bei Berlin und mit Charlottenhof in Potsdam-Sanssouci eng verbunden, so stammt doch die Familie Humboldts eindeutig aus Pommern. Diese Tatsache verleitete Goethe zu der von Eckermann überlieferten Äußerung: »Er gleicht einem Brunnen mit vielen Röhren, wo man überall nur Gefäße unterzuhalten braucht, und wo es uns immer erquicklich entgegenströmt.«
Die Pommern besaßen – und besitzen, muß man hinzufügen, bis heute noch eine weitere Eigenart. Ihre Sprache dient ihnen zuweilen als Thermometer ihrer Gesinnung, ihrer eher versteckten Gefühlswelt. Ein Wort im pommerschen Platt verrät diese Eigenart. »Ik kann't nich hochdütsch seggen, wat mi in Bussen sit,« heißt es da. Aber die

Pommern erklären – ebenso in Versform – auch diese Abkehr vom Hochdeutschen.

»Mi is't as künn min Herrgott
mi better denn verstahn,
als würd min Bidd so negger
em an das Hart 'ran gahn.«

Die Pommern verdrängen gern ihr Gefühl für Sentimentalität. Die Berliner dagegen scheuen sich nicht, ihre berühmte »Träne im Knopploch«, das Zeichen ihrer inneren Rührung, vor aller Welt zu zeigen. Die Pommern jedoch geben sich hart. Aber sie sind nicht hart. Sie haben, wie die Spree-Athener wäss'rige Augen, wenn sie ihr Lied singen:

»Well un Wogen ruschen
mir min Weigenlied ...«

Doch sie verdrängen ihre Bewegung, auch, wenn ihr großer Landsmann Caspar David Friedrich ihnen die liebenswerte Wahrheit ins Stammbuch schrieb: »Bewahre einen reinen kindischen Sinn in Dir und folge unbedingt der Stimme Deines Innern; denn sie ist das Göttliche in uns und führt uns nicht irre.« Die Pommern hängen, auch wenn sie das ungern zugeben, »in stiller Stunde«, schon ihren Träumen nach und sie behalten das im Herzen, was sie verloren haben. Sie bewahren den Sinn für das, was ihnen Heimat war und unverlierbar immer Heimat bleiben wird, getreu nach dem Wort, das Johann Micraelius anno 1639 niederschrieb:

»Die gute Zeit ist hin: Die böse ist verhanden.
Doch weil nichts in der Zeit jemahlen lang
  bestanden,
so muß auch wieder fort die böse trübe Zeit.
Die Zeit, so nicht besteht, ist selbst zum Glück
  bereit.«

DIE SPRACHE DER POMMERN

Ein vielzitiertes Wort lautet: »Die Sprache ist unser aller Heimat.« Heimat jedoch bietet durchaus nicht nur die vergleichsweise an Farben arme Hochsprache. Heimat bietet viel stärker, viel inniger, viel erdverbundener die facettenreiche Familie der Mundarten. Heimat in diesem Sinne schenkt auch das pommersche Platt, das bis 1945 von Zingst bis zum Zarnowitzer See erklang, das von der Malerkolonie Ahrenshoop bis zum Maleridyll bei Leba gesprochen wurde.
Das Deutsch der Pommern besaß freilich viele Varianten. Es hörte sich an der Peene anders an als an der Persante; es besaß auf Rügen einen anderen Klang als im Lande um Stolp. Hinzukam, daß sich in die Sprachfamilie der Pommern auch andere Mundartenfarben hineindrängten: Im Lande um Demmin aus der Heimat Fritz Reuters, im Gebiet zwischen Dramburg und Ratzebuhr Wortbrocken aus Westpreußen, in Pasewalk Anklänge aus dem uckermärkischen Prenzlau, die freilich – wenn auch nur bildhaft – von dem aufragenden Turm »Kiek in de Mark« von Vorpommern aus wieder ins Brandenburgische zurückgeworfen wurden.
Die Sprache der Pommern ist nicht allein eigen. Sie besitzt auch eine sehr spezielle Melodie.

»Von Stralsund, seggt hei,
führt 'n Damper, seggt hei,
hen un her, seggt hei.«

Lyonel Feininger suchte in Pommern die »Vision der Landschaft.« Doch er begegnete in dem Land zwischen See und Waldsaum und Feldern auch der »Vision der Sprache«. Das Deutsch der Pommern besitzt gewiß nicht den Liebreiz des fast musikalisch anmutenden Thüringischen. Es läßt sich auch nur schwer mit dem verhaltenen

Ostpreußisch oder mit dem salopp-burschikosen Klang vergleichen, den die Menschen an Spree und Havel mit ihrer scharfen Zunge in ihre Sprach-Melodie hineinzaubern. Die Sprache der Pommern ist eher erdbeständig, erdverbunden, barock und derb, für landesunkundige oft schwer, um nicht zu sagen, kaum verständlich. Es ist eine »Bursprak«, eine Bauernsprache, die hinter deutlich spürbarer Rustikalität eine geradezu begierliche Lust zur Eigenwilligkeit ahnen läßt.

»Klauk is he as'ne Imm',
bloß Honig kann he nich schiete.«

Diese »Klaukheit« – die Klugheit – klingt wieder und wieder in unaufdringlicher Weise in der Sprache an.

»Ik heff keen Tid, säd de Voß.«
Da segg hei den Jäger koame.«

Nicht zufällig schrieb der wortgewaltige Richard Voß in sein Werk »Meine Heimat« die Sätze hinein: »Weit erstreckt sich das flache Land, unabsehbar weit. Es ist Plattland, und die Sprache seiner Bewohner greift mir ans Herz. Schön ist dort oben das flache, weite Land! Wohin das Auge blickt, Felder und Wiesen, und immer wieder Felder und Wiesen. Den Horizont umfaßt ein schwarzes Band. Das sind die Kiefernwälder, deren Stämme feierlichen Säulen aus Porphyr gleichen, deren Wipfel Dome bilden, die der Sturm durchbraust wie mit Orgelklang.«
Die Pommern besitzen in ihrer Sprache nicht den Vokalreichtum, mit dem die Ostpreußen – wie mit einer Klaviatur der Töne – ihre Mundart bereichern. Doch die Schlichtheit der Sprache, die Bescheidung auf wenige Töne ist nicht ohne Reiz, unter anderem, wenn ein Kind von der Mutter, von »Mudding«, mit dem grob wirkenden, aber liebenswert gemeinten Kosenamen bedacht wird: »Min lütt Schieting«. Ähnlicher – allerdings eher verhaltener Reiz – haftet auch einem Liebesgedicht von Alwine Wuthenow an.

»Magst mi noch lieden,
hest mi noch leiw?
Ach, leg din Hart doch
mi in den Breif!«

Auf ihre schlichte, jedoch durchaus innige Art besingen die Pommern auch das Gewand ihrer Frauen, die sie »lieden« können.

»Blag as de Kornblaum
un rot as de Mahn
möten uns're Mäkes
de Kleedröck stahn.«

Wenn sie dann noch diese Lobpreisung mit einer zu Herzen gehenden Redewendung bekräftigen, ist es um die »Fru« oder »Deern« geschehen.

»Ach kumm, mi Deern, un danz mit mi!
Ik heff die leew, ik bün di good.«

»Ik bün di so good«, denkt und spricht und glaubt mancher Pommer, daß er die »Deern« allzugern in den »Dunkelschatten« bittet und ihr zuflüstert: »Kumm mit mi up'n Heubööن rup.«
Die »Burspark« schlägt allenthalben durch: In der Beziehung zwischen Frau und Mann, aber auch schon in der Schule. Wird da ein Junge vom Schulrat aufgefordert, einen Satz zu bilden, der sich mit dem ländlichen Alltagsleben beschäftigt. Ohne Zögern kommt die Antwort: »Dei Osse trecke den Plaug.« Der Schulrat ist nicht ganz zufrieden. Er möchte den Satz lieber auf Hochdeutsch hören. Der Bub erfüllt den Wunsch. Er schürzt die

Lippen und spricht nur ein Wort: »Hüh!« Bauernleben ist, wie Kurd Schulz es einmal in einem Vers darstellte, ein hartes, aber auch ein schönes Leben, fast – für manch einen – ein Ideal.

»Is dat ok Mäuhsal un Arbeit west,
Buernleben is doch up Irden dat Best.«

»Dat Best« – auch wenn manches Kapitel, mancher Bereich dieses »Buern«-Lebens eher karg und ohne Glanz ausfiel. So waren – unter anderem – die Bauernküchen im Weizacker klein und winzig wie eine Kammer und bestanden eigentlich fast nur aus dem Kamin. Nicht zufällig wurden diese Küchen daher auch »swart Kök« genannt. Doch trotz aller Kargheit verstanden es die Pommern zu leben. Wenn ihre Kinder den Kuchen aus Kammer oder Keller holten, hörten sie den eher ermunternden als ermahnenden Rat von »Mudding«: »Pul di man jümmer de Rosinen ut'n Kauken.« Das war ganz anders als beispielsweise in Berlin, wo die Kinder allzugern die Haut der gebratenen Gans vor der Zeit beschnupperten und mit Behagen verspeisten, um dann in den Schreckensruf auszubrechen: »Lieber Jott, laß Pelle wachsen ...«
Die Pommern waren aus einem anderen Holz geschnitzt. Bei ihnen galt das Wort: »Äten un Drinken hält Lieb un Seel tosammen. Mancher nährt sick davon.« Sie lebten auch nach dem Wort: »Alles hätt en Enn, blot de Wurscht hätt twee.« Sie waren eben gewiß nicht zufällig – bei aller fast trotzig bewahrten Eigenart – ein kräftiges Volk. Fritz Reuter hat das in seinem Werk »Läuschen un Rimels« auf hintergründig-launige Art bestätigt.

»De pommersch Bur, de is to kenn,
wenn hei't Gewehr fött bi dal En,
wenn hei de Kolben fluschen lett
un – wenn hei dicke Arwten frett ...«

Plattdeutsch sprachen im alten Pommern übrigens durchaus nicht nur die Bauern. Carl Ludwig Schleich wußte in seiner »Besonnten Vergangenheit« von einem Griechisch-Lehrer zu erzählen, der ohne Zögern den Homer in der breiten pommerschen Mundart interpretierte und auch übersetzte. »Je, de oll'n Griechen de seggten sich, Ajax dat wir'n grotmächtigen Held, den stünn in de Schlacht as wi'n Boom, nee, de Homer de mokt anner Vergleiche de wi as Beleidigung upfaten würr'n. Ajax stünn, seggt Homer, as en Esel, de den Barg vollbepackt rupkrupen sall. Em kümmern den Schläg' nich, de rechts un links up em runnerprasseln.«
Mit »tierischen« Vergleichen konnten die Pommern ohnedies gut umgehen. Kritisierte da einmal ein preußischer Minister einen Pastor, weil er mit einer Kutsche zur Beerdigung gefahren war. Der Herr Jesus Christus, belehrte ihn der hochchargierte Beamte aus Berlin, wäre schließlich auch nicht mit einer Kutsche, sondern auf einem Esel durch die Lande gezogen. »Dat«, gab der Pastor darauf dem Minister zu bedenken, »dat geiht heute nich mehr.« Warum es nicht geht, wollte der Minister wissen. »Na,« erhielt er darauf zur Antwort, »erstens sünd de Esels so düer, un tweetens sünd se uck knapp. Un de poar, de noch würklich da sind, de hett sich König Fritz na Berlin hoalt. De sitten im Ministerium.« Die Pommern verstanden es offenbar nicht nur, ihre sprachliche Eigenart zu kultivieren. Sie konnten mit ihrer Mundart auch umgehen; und respektlos waren sie von Hause aus nicht allein gegenüber allzugescheiten Ministern, sondern auch gegenüber dem Herrn dort droben im Himmel.

»Unsen Herrgott is nich tau trugen,«
säd de Buer,
»dor makt hei sin Heu up'n Sündag.«

Bezeichnend für diese Lebensart ist auch die überlieferte und schon ein wenig rauhbeinig erscheinende Inschrift auf einer Grabplatte.

»Wat geiht dy Düwel min Supen an?
Ik sup mit myn Herr Jesu Christ,
wenn du, Düwel, ewig dösten mötst.«

Die Rauhbeinigkeit ist aber vielleicht auch eher so etwas wie eine Abwehr, wie ein Schirm, der die verhaltene Sentimentalität, die »Sehnsucht na dat stille Inselland« verdecken soll, ebenso wie die tief im Herzen bewahrte Liebe zu der unverlierbaren Heimat Pommern, die Bernhard Trittelvitz mit dem Vers besang:

»As ik noch bi di wier, min Pommerland,
heff ik woll wüßt, wur schön du büßt,
un hefft mi freugt an Land un Strand,
an brune Heid un witten Sand,
an Busch un Brook, an Has' un Reh,
un an de wiede blage See.
Nu, dat ik nich mier bi di bün,
min Pommerland,
nu weet ik ierst,
wat du mier wierst;
nu geiht mir't ümmer dörch den Sinn,
wat ik so arm ahn Hei at bün,
un deepe Not kümmt över mi,
ach, künn ik doch toruch na di,
min Pommerland.«

FRÖHLICH UND HINTERSINNIG ZUGLEICH

Allzuoft wird die Frage gestellt, ob der Pommer überhaupt lachen kann, ob er mit der Fähigkeit beschenkt ist, ohne Scheu lustig zu sein. Es gibt schon einige Argumente, die gegen diese Fähigkeit sprechen. Die Pommern haben über die Spanne vieler Generationen hinweg die Teilung ihres Landes erlebt und erlitten. Das konnte sie kaum oder nur sehr bedingt froh stimmen. Die Pommern gehören aber auch zu den Deutschen, deren Heimat wieder und wieder – und ungeachtet aller Teilungstendenzen – von der Geschichte auf herbe Art gebeutelt wurde. Das bezeugt allein schon der seinem Inhalte nach böse Vers:

»Dein Vater ist im Krieg,
dein Mutter ist in Pommerland.
Pommerland ist abgebrannt.«

Der Vers entstand sicher nicht zufällig. Übrigens wird dieser Reim von den Pommern kaum mit der Zeile »Maikäfer flieg« überschrieben. Der von der eigenen Vergangenheit geschüttelte und immer wieder getroffene wie betroffene Pommer setzt in dem Vers an die Stelle des »Maikäfers« den Marienkäfer. Ob das als Zeichen verhaltener Gläubigkeit oder als Signal eines häufig unterdrückten Charmes geschieht, mag dahingestellt bleiben. Es wäre aber auch denkbar, daß der Maikäfer mit einer bemerkenswerten Hintergründigkeit aus dem Vers herauskatapultiert wurde, weil nämlich das Wort für Marienkäfer in pommerschen Ohren als Wohllaut gilt, nichtpommersche Ohren aber durchaus schockieren kann. Der Marienkäfer wird nämlich in Pommern »Hiessepätke« genannt. Ob Schock oder nicht, das bleibt die Frage, selbst für pommersche Kulturhistoriker. Alfred

Biese jedenfalls hält die Pommern eher für schockunwillig. Nach seinem Eindruck war und blieb ihnen »ein grüblerischer, unerlöster, jedoch nach Erlösung ringender Ernst, als auch ein Zug zum Derben, Kernigen, Nüchternen eigen.«
Zu einem für die Pommern vielleicht – aber auch nur vielleicht! – noch schlimmeren Schluß kam – anno 1639 – der weise Johann Micraelius; schlimm deshalb, weil nach seiner Meinung die Pommern »nach art der gantzen Teutschen Nation dem Truncke nachhengen, allzu leichtgleubig und vollhertzig seyn und was sie des Jahres zu heben und einzunehmen haben, mit dem Jahre verthan haben.«
Für dies dem Sinne nach eigentlich recht unlustige Urteil gibt es einen glaubhaften Zeugen, nämlich Theodor Fontane, der ja seine Jugendzeit in Swinemünde verbrachte und dort, wenn die Pommern – um im Bilde zu bleiben – »dem Truncke nachhingen«, Dinge erlebte, »über die zu berichten die Feder sich sträubt.« Doch Fontane berichtet auch mit seiner sich sträubenden Feder. Er schrieb: »Einmal kam es vor, daß einem der unglücklichen Zecher, unglücklich, weil er arm und abhängig war, ein Backzahn mit der ersten besten Zange ausgezogen wurde, woraus man aber nicht schließen wolle, daß diejenigen, die dies vornahmen, überhaupt rohe Menschen gewesen wären. Nur der zu jener Zeit, zumal wenn die Weinlaune zunahm, sich gern geltend machende gesellschaftliche Übermut, glaubte sich dergleichen erlauben zu dürfen. In reichen und vornehmen Häusern auf dem Lande ging man gelegentlich noch einen Schritt weiter.«
So gesehen, standen (und stehen!) die Pommern den oft mit dem Poltergeist verbündeten zechenden Bayern wenig nach. Ohnedies sind die Pommern ja eigentlich nur umgedrehte Bayern. Südlich des Main weht das weißblaue Fähnchen der Bajuwaren und im Küstenland

Ernst Moritz Arndt (1769-1860) wurde in Groß Schoritzauf Rügen geboren. Er war einer der leidenschaftlichsten Verfechter des Gedankens der Deutschen Einheit. Arndt war Historiker, Philosoph und Dichter zugleich.

zwischen Zingst und Leba flattert das blauweiße Banner der Pommern. Auch an Grobheit standen die Pommern – auch berühmte Pommern – den Bayern zuweilen wenig nach. So wird von Rudolf Virchow berichtet, daß ihn einmal ein reicher Pommer ernsthaft und in wohlgesetzten Worten fragte, wie er es anstellen müßte, um möglichst alt zu werden. Virchow, offenbar mißgelaunt, gab die nicht eben liebenswürdig formulierte Antwort: »Da müssen Sie täglich von drei Mark leben und sich diese drei Mark auch selbst verdienen.« Es muß freilich angefügt werden, daß drei Mark in der Zeit Virchows entschieden mehr waren als heute – in der unheilen Welt eines geteilten Pommern – drei Mark wert sind. Ernst Moritz Arndt schrieb durchaus wohlbegründet seinen pommerschen Landsleuten das vieldeutige Wort ins Herz:

»Höhe hat Tiefe,
Weltmeer hat Riffe.
Gold hat Kummer und Schlangengezisch.
Bau Dein Nest, weil der Frühling währet,
lustig bau's in die Welt hinein.«

Aber wie ist das nun mit der Lustigkeit in Pommern bestellt? Warum wohl ging in dem Land zwischen Bodden und Dünen das Wort um:

»Dor seet'n lütte Diern
up'm breeden Steen
un reew sich die Oagen
un ween un ween.«

Wenn die »lütte Diern« dann einen Mann fürs Leben sucht, nimmt sie sich – wie es von den Mönchsgutern überliefert wird – keinen reichen Erben, sondern lieber einen armen Knecht und ruft jedem, der es hören mag, mit froher Miene das entwaffnende Wort zu: »Ik nähm leiwer'n Mann ohne Geld als Geld ohne'n Mann.«
Wenn dann schließlich die zur »Fru« gewordene »lütte Diern« Gäste empfängt, reinigt sie – allerdings nur sehr zuweilen! – die Tafel auf eine Weise die durch eine wenig oder kaum verheißungsvolle pommersche Redensart bezeugt wird:

»Reinlichkeit is dat halwe Leben,«
säd de Fru.
»Don fegt se den Disch mit den Bessen af.«

Mit dem rauhen Besen verstand übrigens auch der Reichspostmeister Heinrich von Stephan umzugehen. Er kontrollierte gern und häufig und unangemeldet dazu die kleinen ländlichen Postämter auf ihre Funktionstüchtigkeit hin. Nachdem er da einmal irgendwo in Hinterpommern einen Posthalter kräftig zur Brust genommen hatte, gelang es dem zusammengestauchten Beamten nur noch, nach dem Weggang des obersten Vorgesetzten, den Posthalter im Nachbardorf auf den unerwarteten Besuch vorzubereiten. Er telegraphierte ihm die Warnung zu: »Stephan kommt. Er steckt seine Nase in alles.« Die Warnung aber erfüllte nicht mehr ihren Zweck, denn der Reichspostmeister war schon im Nachbardorf angekommen und, schlimmer noch, er nahm die Warnung selbst aus dem Telegraph entgegen. Doch schlagfertig wie er war, drahtete er kurzerhand zurück: »Zu spät. Habe meine Nase schon drin. Stephan.«
»Je fester die Faust, je näher nach Pommern« lautete eine stehende Redensart im Lande am Unterlauf der Oder. Aber der Pommer muß nicht nur grob sein. Er besitzt auch einen reich ausgeprägten Sinn für hintergründige Empfindungen. So entdeckte der unvergessene Klaus Granzow einmal auf einem Grabstein in Stettin die erstaunliche Inschrift, mit deren Wortspiel der unter dem Hügel ruhende Pommer auf recht eigenwillige Art geehrt werden sollte. Die Inschrift lautete: »Die Schaffung dieses Friedhofes war mit sein Werk; sein Lohn dafür, als erster darauf begraben zu sein.« Noch grimmiger gedachte ein Bauer aus dem Kreise Köslin seiner Zwillinge, die beide

kurz nach der Geburt starben, der eine nach einer Stunde, der andere nach einem Tag. Auf ihrem Grabstein stand zu lesen: »Hier ruhen die Söhne des Bauern P. nach ihrem ruhmvoll vollbrachten Tagewerk.«
Hintergründiger Humor kann, nach pommerscher Lebensart, vielleicht nicht alles, aber doch vieles überspielen.

»Allens is vergäten,
wat mi dags hätt quält,
wenn uns Noawer owends
sine Treckfidel spält.«

Auf eigenwillige Art »vergäten«, nämlich überwunden und weitergereicht, wurde in Pommern auch die Erinnerung an das Kloster Kolbatz, dessen Abt den Teufel mit einer List besiegte. In einem Gedicht werden die nur bedingt »vergätenen« Mönche und der durchaus gegenwärtige Fischreichtum im Klostersee besungen.

»De Mönch sünd längst all schlaopen gaohn,
Gott schenk ehr'n fröhlich Uperstaohn!
De Tid is hen, de Lüd sünd dot,
doch de Maränen sünd noch god.«

Aus der gleichen Gesinnung, wenn auch um etliche Nuancen wohlgesetzter, sind die Verse des Lessing-Freundes Ewald von Kleist entstanden.

»Freund, versäume nicht zu leben,
denn die Jahre fliehn,
und es wird der Saft der Reben
uns nicht lange glühn.«

Wirklichen Humor besitzt, wie der pommersche Psychiater Oswald Bumke es ausdrückte, »nur der, wer auch die eigenen Schwächen belächelt.« Genau das verstand niemand besser als der mit seiner Muttersprache in beständigem Streit lebende Marschall Wrangel. Dieser feierfröhliche Pommer lud einmal zu einem Umtrunk hundert Gäste ein. Fleißig wie er war, schrieb er die Einladungen mit eigener Hand. Als er bei der fünfzigsten Einladungskarte angekommen war, sah ihm sein Adjutant zufällig über die Schulter, verbeugte sich und bemerkte mit leiser Stimme und schonungsvoller Zurückhaltung: »Exzellenz haben einen Fehler gemacht.« Wrangel sah kurz auf: »Welchen Fehler,« wollte er wissen. »Es heißt nicht, 'ich beehre mir, Sie einzuladen.' Es heißt: 'Ich beehre mich, Sie einzuladen.'« Wrangel schüttelte den Kopf und antwortete schlicht: »Na jut. Det is möchlich. Also ick werde uff die nächsten fuffzich schreiben: 'Ich beehre mich, Sie einzuladen.' Aber Sie werden sehn, det is alles jleich. Ob ick schreibe 'ick beehre mir' oder 'ick beehre mich'. Sie werden sehn, alle hundert kommen. Uff die Worte achtet keener.«
Und in der Tat, es kamen alle hundert Eingeladenen. Carl Ludwig Schleich prägte für diese Spielart des pommerschen Humors das treffende Wort: »Das sicherste Zeichen einer humorvollen Seele ist die Fähigkeit, auch einmal sich selbst auszulachen. Die meisten Menschen tun sich selbst leid, um über sich zu lachen.« Diesem durchaus klassischen Wort entspricht als Zeichen einer Lebenseigenart, die typisch für Pommern ist, die Redeweise: »Wo man singt, da laß dich ruhig nieder,« säd de Düwel un sett' sick mit'n Nors in'n Immenschwaorm.

LAND DER KARTOFFELN

Pommern besaß eine Wirtschaft, die – wie kaum in einem anderen Teil Deutschlands – durch ihre Vielfalt, vor allem jedoch mit der ihr eigenen Unabhängigkeit bestach. Ich denke da an den Hof meines Großvaters im hinterpommerschen Kreise Rummelsburg. Dort wurden Korn und Raps und Kartoffeln angebaut; dort wurde Vieh aller Art gezüchtet und ein kleiner Wald gehegt. Wer da auf dem Hof beheimatet war, besaß alles, was er zum Leben brauchte: Brot, das selber gebacken wurde, Milch und Butter, Käse und Eier, Fleisch und Wurst, Fische und Krebse aus einem zum Hof gehörenden kleinen Weiher, Öl und Erdfrüchte wie Kartoffeln und Rüben. Sogar der Schnaps – ein hochprozentiger dazu – wurde im eigenen Hause gebrannt. Die Welt um den auf einer kleinen Anhöhe gelegenen Besitz hätte versinken können – mein Großvater hätte überlebt. Er besaß durch seinen kleinen Wald auch das Brennholz, um die Glut im Herd und im Backofen, der mit einer Kachelwand in die »gute Stube« hineinragte, winters und sommers zu bewahren und wenn es Not tat neu anzufachen. Diese Eigenart ist wohl typisch für das alte, ungeteilte Pommern. Es war autark. Es lebte auch nicht nur von und mit dem Standbein der Landwirtschaft, nicht nur vom Handel mit Korn – mit dem es übrigens weite Teile Deutschlands versorgte.

Pommern besaß viele Gesichter, viele Eigenarten, viele erprobte Möglichkeiten der wirtschaftlichen Existenz. Nicht zufällig nannte der Stettiner Schloßprediger Ludwig Wilhelm Brüggemann schon im ausklingenden 18. Jahrhundert seine Landsleute »freimütig und dreist«, aber auch »arbeitsam und geduldig, ernsthaft und gesetzt«. Mit dem leisen Vorwurf der Dreistigkeit lag der Gottesmann jedoch gar nicht so falsch.

Auf Kniephof im Umland von Naugard, das die Pommern gern Nowgarde nennen, lebte nämlich einige Zeit Otto von Bismarck, dessen Lust an flüssiger Ernährung wohl nicht den Stoff »aus dem die Träume sind«, sondern eher den Stoff zu mancherlei witzigen und grimmigen Anekdoten lieferte. Kniephof wurde im Volksmund gelegentlich auch »Kneiphof« genannt, frei nach dem Hiddenseer Trinklied:

> »Bist'n Super; sup ut, du Lumpenhund!
> Bist'n Super; sup ut bet up den Grund!«

Bismarck soll, wie es heißt, auch einmal nackend, so wie ihn der liebe Herrgott erschaffen hatte, in den Kursaal von Bad Polzin hineingeritten sein. Kein Wunder, daß der Herr von Puttkamer diesem Manne seine Tochter Johanna nur ungern zur Frau geben wollte. Johanna sollte, wie der Herr Vater befahl, sich immer krank stellen, wenn der auf Freiersfüßen wandelnde Bismarck auftauchte. Als der spätere Reichskanzler davon erfuhr, soll er – nach der Überlieferung – seiner Johanna zugeflüstert haben: »Als meine Frau kannst du ebensogut krank sein wie als meine Braut. Wenn ich erst dein Mann bin, werde ich schon dein Arzt sein!« Und so geschah es dann ja auch.

Die Pommern aber besaßen, um auf den weisen Ludwig Wilhelm Brüggemann zurückzukommen, in vielen Spielarten des täglichen Lebens ein erstaunliches Geschick; nicht allein bei der Brautwerbung, sondern vor allem auch in der Wirtschaftshaltung. Sie lebten durchaus nicht nur von Ackerbau und Viehzucht. Gewiß, im nördlichen Pommern – vor allem zwischen Gollnow und Bublitz und Bütow – wurde vorwiegend Roggen, im Pyritzer Weizacker dagegen meist Weizen angebaut. Die Erträge im gesamten landwirtschaftlichen Bereich sprachen für sich. Auf noch nicht einmal neun Prozent aller Ackerfläche Deutschlands in den Grenzen von 1937 wurde der halbe Ertrag der gesamten ostdeutschen Landwirtschaft gewonnen: 47 % an Getreide, 54 % an Kartoffeln, 50 % an Fleisch und über 70 % an reinen Fetten. Das war allerdings nur durch einen geradezu sprichwörtlichen Fleiß möglich, den die Pommern auch noch in einer spitzzüngigen Redensart auf ihre Weise glossierten.

»Des Not heww 'k mi sülwest andahn,«
säd de Oß,
»dor müßt hei sinen eigen Meß up't Feld führen.«

Der Ertrag an Kartoffeln war wieder so groß, daß zu gewissen Zeiten diese Erdfrüchte auf höhere Anordnung hin zu Benzin verarbeitet werden mußten, um das mehr oder weniger heimliche Schnapsbrennen auf den oft einsam gelegenen Gehöften wenn schon nicht zu unterbinden, so doch ein wenig zu bremsen.

Die Landwirtschaft, also das große wirtschaftliche Standbein der Pommern, brachte jedoch nicht allein enorme Erträge an Korn und Kartoffeln. Auch eine große Rinder- und Schweinezucht trug zur Bewahrung eines gesunden Bauernstandes in Pommern bei. Im Lande um Stargard gediehen dazu noch gewaltige Schafherden. All diese Produkte wollten freilich nicht nur gewonnen, sondern auch in klingende Münze umgewandelt werden. Das geschah, um nur zwei prägnante Beispiele anzuführen, in Rügenwalde mit Hilfe einer Wurstspezialität, die in Berlin allerdings in gehöriger Respektlosigkeit als »Beamtenwurst« bezeichnet wurde; und dazu ging von Stolp aus eine bestimmte Käsesorte in viele Kolonialwarengeschäfte ganz Deutschlands.

Um es zu verdeutlichen: 1939 gab es in Pommern neben dem Standbein der Landwirtschaft über 35 000 Industriebetriebe, in denen unter anderem freilich auch – aber nicht nur! – landwirtschaftliche Produkte wie Korn, Fleisch, Zucker und Milcherzeugnisse verarbeitet wurden. Daneben blühte eine ungemein rührige Fischindustrie. Allein über 7 000 Fischer steuerten Tag um Tag mit ihren Schifflein die fischreichen und damals ganz und gar unverseuchten Fanggründe der Ostsee an. Zu den großen Spezialitäten, die vor allem an der Küste angeboten wurden, gehörte die pommersche Flunder.

Die Lage an der See machte Pommern aber auch zu einem ausgeprägten Bereich des Handels. Bereits in der Hansezeit waren die Küstenstädte – aber auch einige Städte im Binnenland – durch das weitverzweigte Handelsnetz dieses europa-umspannenden Bundes unter anderem mit dem Baltikum, mit Rußland, mit Skandinavien, aber auch mit England verbunden. Im 19. Jahrhundert führte dann der Ausbau des Eisenbahnnetzes zu immer enger werdenden Wirtschaftsbeziehungen Pommerns mit Galizien, mit Böhmen und selbst mit Ungarn. Der Ausbau des Fährhafens Saßnitz schließlich machte Pommern zu einem Durchgangsland im Herzen des Kontinents, zu einer Art Brücke, die über Trelleborg nach Stockholm und Oslo reichte.

Nach dem Ersten Weltkrieg wurde Pommern – auch wirtschaftspolitisch – zum Grenzland. Doch selbst diese angespannte Situation führte zu mancher Vertiefung schon lange bestehender Handelsbeziehungen. So funktionierte die Eisenbahn, die über Groß Boschpol – östlich von Lauenburg – durch den Korridor nach Danzig und Marienburg führte – bis Ende August 1939 ohne jede politische Beeinträchtigung. Diese Züge waren im Gegensatz zu den Waggons, die von Schneidemühl über Konitz und Dirschau nach Marienburg abgefertigt wurden, nicht plombiert. Hinzukam auch als Handelsbrücke der nach 1918 aufgebaute »Seedienst Ostpreußen«, der eine von jeder Kontrolle unbehelligte Seeverbindung von Swinemünde über Zoppot nach Pillau und Memel darstellte.

Die Pommern waren, wie Siegfried Gliewe es ausdrückte, »wetterfest und rauh, zuversichtlich und ausharrend, gewachsen so Geschlecht aus Geschlecht, fischend, seefahrend, ackernd, ein echtes Küstenvolk.« Caspar David Friedrich hat das Empfinden dieses pommerschen Küstenvolkes eindrucksvoll in seinen Bildern bewahrt, und Carl Gustav Carus wieder notierte, annähernd um die gleiche Zeit, sein Bekenntnis: »Umwandelnd in Greifswald gelangten wir an den freilich nur engen Hafen und zum erstenmal erfreute mich hier der Mastenwald kleiner Kauffahrer, der malerische Anblick der Krane, der Segelboote, der gehäuften Warenballen und Tonnen, über welchen allen jener eigene aromatische See- und Teergeruch schwebt, den niemand wieder vergißt, der einmal eine Seestadt besucht hat.«

Ähnlich sah wohl Stettin aus, das »Ithaka meiner Jugend« – wie Carl Ludwig Schleich seine Heimatstadt nannte. Gelehnt an die Oder, die Lebensader Pommerns, die der Schlesier Paul Keller einmal – ohne übrigens einen Hauch von Spott – als »Bauernweib unter den deutschen Strömen« bezeichnete, besaß die Stadt ein eigenwilliges Gesicht. Heinrich Laube hat wenige Jahre nach Goethes Tod die Konturen dieser Hauptstadt Pommerns nachgezeichnet. Er schrieb damals: »Stettin ist der Seeort Preußens, obwohl er gar nicht am Meer liegt. Bald hinter der Stadt breitet sich die Oder in das Haff aus und mündet im Hauptarm Swine ins Meer. Die Oder ist glücklicherweise bis Stettin so tief, daß sie große Schiffe trägt. Am Bollwerk Stettins sieht man Fahrzeuge allen Kalibers.«
Stettin besaß auch einige bedeutende Werften. Was aber vielleicht wirtschaftspolitisch noch wichtiger war: Die Stadt galt als Tor Berlins zur Ostsee. Durch den Oder-Spree-Kanal und das Schiffshebewerk Niederfinow gab es eine unmittelbare den Handel und Warenaustausch fördernde Wasserverbindung zwischen der Hafenstadt an der Odermündung und dem alten politischen Mittelpunkt des ungeteilten Deutschland.
Von Stettin aus führten aber auch über die Oder, über Frankfurt und Crossen, über Breslau und den Klodnitz-Kanal hinaus manche Wasserwege zu den Industrie- und Handelszentren Oberschlesiens. So kam nicht nur Steinkohle, sondern vor allem auch Holz in den pommerschen Hafen und brachte damit den nötigen Rohstoff für manche Sägewerke und Möbelfabriken.
Neben all diesen wirtschaftlichen Aktivitäten besaß das vielfach als bloßes Kartoffelland gescholtene Pommern noch ein weiteres wirtschaftliches Standbein, nämlich den Fremdenverkehr. Der Kurbetrieb in Bad Polzin in der Pommerschen Schweiz machte Pommern für viele Deutsche ebenso anziehend wie die zahlreichen Bäder an der langgezogenen Küste von Ahrenshoop bis Leba.
Bis zum Ausbruch des Zweiten Weltkrieges wurden – allein an der Ostseeküste – gut acht Millionen Gästeübernachtungen im Jahr gezählt.
All das, die damit verbundene wirtschaftliche Blüte, Seefahrt und Handel, Ackerbau und Viehzucht, all diese Attribute einer im besten Sinne des Wortes autarken Wirtschaft, sind heute verloren – und bleiben doch in der Erinnerung allezeit unverlierbar. Der große Sohn Rügens, Ernst Moritz Arndt, rief nicht ohne Grund in der bitteren Notzeit von 1807 seinen Landsleuten – und wohl auch allen anderen Deutschen – in seiner Friedensrede das Trostwort zu: »Darum klaget nicht, noch trauert um das Kleine, sondern sorget, daß das Große erstehe und das Schlechte untergehe! Wahrheit und Recht, Mäßigkeit und Freiheit seien die Halter unseres künftigen Lebens. Darin wollen wir eins sein in Unglück und Schmach, so werden unsere Enkel eins werden durch Glück und Glorie.«

STEINERNE ÜBERLIEFERUNGEN

Die steingewordenen Erinnerungen reichen in Pommern von den beinahe verwehten Spuren der Geschlechter, die auf Rügen ihre Hünengräber auftürmten, bis zu den legendenverklärten Rätseln, die das Phänomen Vineta noch heute und noch immer den Menschen aufgibt. Aber dies Rätsel war wohl durchaus einmal Wirklichkeit, jedenfalls nach dem Wort, das Adam von Bremen vor vielen Jahrhunderten niederschrieb:

> »Vineta ist in der Tat die größte von allen Städten, die Europa umschließt. In ihr wohnen die Slawen mit anderen Nationen. Auch den ankommenden Sachsen ist es gestattet, dort zu wohnen, jedoch nur, wenn sie ihr Christentum nicht öffentlich zur Schau tragen.«

Hünengräber und Vineta bilden jedoch nur die Klammer, zeigen nur die Fixpunkte einer über die Spanne von nahezu tausend Jahren reichenden pommerschen Baukultur. In diese Spanne der Jahrhunderte drängen sich auch als Merkzeichen spürbarer Nachdenklichkeit zuweilen die Reste zerbrochener Schönheit wie der Chor des Kirchleins Hoff am Hochufer der pommerschen Steilküste bei Horst und der als einziges Zeugnis bewahrter Vergangenheit erhalten gebliebene Torbogen des von dänischen Mönchen gegründeten Klosters auf Hiddensee.

Daneben gibt es freilich vielerlei bewahrte Symbole der Baukunst: Die Schloßkirche von Stettin, der älteste protestantische Kirchenbau in Pommern überhaupt, der mit seiner bemalten Decke, aber auch in seinen Maßen, verdächtig an die anno 1544 von Martin Luther geweihte Kirche in Torgau erinnert. Stettin, die vielzitierte »alte Wendenfeste«, besitzt als Zeigefinger Gottes allerdings noch einige andere Stätten des Kreuzes wie die eher malerisch wirkende Kirche Peter und Paul, der Klaus Granzow den Vers widmete:

> »Vor deiner schönen, klaren Backsteinwand,
> du älteste der Kirchen in Stettin,
> steht jeder, wenn er heimgekehrt, wie gebannt.«

Die berühmteste Kirche der Oderstadt aber bleibt ohne Zweifel St. Jakobi, gegründet übrigens von dem Bamberger Bürger Jakob Beringer. In Jakobi saß über vierzig Jahre lang der aus dem anhaltinischen Lande stammende Wahl-Pommer Carl Loewe an der Orgelbank und musizierte dort zum Lobe Gottes. Als er die Notenblätter aus der Hand legte, wurde sein Herz nach seinem Wunsch ganz nah der Orgel in einer Kapsel beigesetzt.

Eine berühmte Orgel gab und gibt es bis heute im hochgotischen Dom zu Cammin, in der wie ein Wunderwerk des Ziegelbaus erscheinenden »Kathedrale Pommerns«. Doch wer weiß schon, daß dieses Wunderwerk, das ein wenig die Mitte hält zwischen dem brandenburgischen Kloster Chorin und dem Havelberger Dom, den Jochen Klepper einmal ein »frommes Gebirge« nannte, einen gar nicht gebirgshaften Vorläufer besaß, nämlich eine bescheidene kleine Holzkirche, kleiner noch als die typischen schlesischen Schrotholzkirchen.

Die Camminer Holzkirche gehört der Vergangenheit an. Geblieben ist das Werk unbekannter Meister aus der Zeit der Gotik. Aber es blieb nicht allein in Cammin bewahrt. Es blieb auch im Bild der dreischiffigen Marienkirche zu Anklam und im Zeichen des hochragenden Schiffes von St. Marien zu Barth erhalten, dessen Turm vom vorpommerschen Festland nach Zingst hinüberlugt.

Das Städtchen Barth machte allerdings auf vielfache Weise Geschichte. Dieser Winkel Pommerns wurde nämlich von einem bewegten Kapitel gesamteuropäischer Vergangenheit berührt. Der glücklose Polenkönig

Stanislaus Leszcinsky fand dort – von Danzig kommend – Zuflucht, nachdem er seinen Thron den Wettinern überlassen mußte. Damals gab es so etwas wie einen Europa umspannenden Ländertausch. Die Sachsen zogen nach Warschau. Stanislaus Leszcinsky erhielt dafür Lothringen und Nancy und Franz Stephan, der Gemahl Maria Theresias – der bis dahin dort Landesherr war, bekam als Ausgleich das erloschene Erbe der Mediceer, nämlich die Toskana mit Florenz.
Aber es gibt – neben diesem Ausflug in die große Geschichte – noch andere bedeutende Zeichen der Vergangenheit in Barth. So findet sich im Turm von St. Marien eine Christusfigur, die nach einem Modell von Gottfried Schadow geschnitzt wurde.
Den Kirchen Pommerns – vor allem in den ländlichen Bereichen – haftet häufig eine bemerkenswerte Symbolik an. So besitzen unzählige Dorfkirchen – viel mehr als in anderen Teilen Deutschlands – kunstvoll geformte Kanzelaltäre. Als Zeichen der Eigenart aber auch der ausgeprägten Sparsamkeit zugleich tragen vor allem im östlichen Pommern viele Kirchen hölzerne oder holzbekränzte Türme. Groß Boschpol – der letzte deutsche Ort vor dem damaligen »Korridor« – ist ein Zeugnis dafür. In manchen pommerschen Dörfern aber gab es noch nicht einmal Kirchtürme. In einfachen Holzgestellen wurde dort die Glocke aufgehängt, die den Gläubigen die Stunde des Kirchgangs anzeigte; und die Pommern argumentierten dazu treuherzig: »Gott schaut aufs Herz.«
In Kallies wieder, das nach Westen und Süden zur Neumark und nach Osten hin zur Grenzmark Posen-Westpreußen schaute, fand sich eine Kirche, deren steinernes Antlitz an die Potsdamer Garnisonkirche erinnerte, an das – wie Theodor Fontane es ausdrückte – »Symbol des Jüngstgeborenen im alten Europa.« Nur erklang vom Turm der Kirche in Kallies eben nicht die Melodie von »Treu und Redlichkeit«, in der – verhalten aber unüberhörbar – Mozarts Papageno-Arie aus der »Zauberflöte« irrlichtert.
Die Kirchen Pommerns besaßen manche Eigenheiten. In Brietzig – im Umland von Pyritz gelegen – sah eine eigenwillig geformte Decke auf die Kirchgänger herab. In Rügenwalde an der Wipper wieder gab es einen mit siebenundzwanzig Silberplatten verschönten sogenannten Silberaltar, den ein Braunschweiger und ein Augsburger Meister erschaffen hatten. Er ging beim Kriegsende unter und nur einige Reste blieben bewahrt. Sie sind heute im Museum in Stolp zu sehen. In St. Jakobi zu Stettin schließlich gab es bis 1945 eine vielbewunderte »Madonna mit den drei Heringen« und in Altenkirchen auf Rügen wieder steht eine in der späten Stauferzeit aus gotländischem Kalkstein gehauene Taufe, deren Wandungen mit Gesichtsmasken geschmückt sind.
Diese eigenwillige – oder sogar eigensinnig wirkende Formensprache findet sich vielleicht nicht zufällig an vielen Flecken Pommerns. So entdeckte Udo von Alvensleben in den verlassenen Klosterstätten Stralsunds »Erinnerungen an die Beginenhöfe Flanderns, in denen sich die Seele schon auf dieser Erde zur Ruhe begibt.« Hinzukommt – Zufall oder nicht, daß Bernt Notke, der große Meister des Mittelalters, auf dem vorpommerschen Festland in Lassan, gegenüber der Insel Usedom, geboren wurde. Sein bedeutendstes Werk, der »Totentanz«, mit dem er die Lübecker Marienkirche beschenkte, ist verloren, aber sein Geist, seine Haltung den letzten Dingen gegenüber, blieb im Herzen unzähliger Pommern bewahrt. Sie klingt, wie in einer Variation im Angesicht des Gestühls der »Rußlandfahrer« in Nikolai zu Stralsund an; und sie leuchtet aus dem Antlitz der Schönen Madonna, die in der gleichen Kirche die Gläubigen zum Gebet mahnt. Diese Stralsunder Schöne Madonna wirkt entschieden herber als die Schöne Madonna, die unter dem Gewölbehimmel von St. Marien zu Danzig thront

Darstellung einer Hansekogge an einem Haus in Stralsund. Die Hanse spannte als großer wirtschaftpolitischer Gegner des Deutschen Ordens über die pommersche Küste hinaus ein europäisches Handelsnetz.

und mit ihrer Anmut, jeden der sie anschaut verzaubert. Aber am Ende sind beide Madonnen doch verwandt – die in Danzig und die in Stralsund.

Nicht oder kaum verwandt dagegen sind die Kirchen, die längs der weitgezogenen Küste vom Darß bis zum Lebasee ihre Chöre und Türme dem Himmel Pommerns entgegenrecken. Die ältesten von ihnen sind aus Quadern gefügt, sorgfältig behauen, Millimeter um Millimeter verfugt, ein Wunderwerk der Baukunst. Auch später entstandene Kirchen sind – unter anderem noch im 16. Jahrhundert – aus Quadern entstanden, aber sie besitzen nicht mehr die unverwechselbare Schönheit, die den älteren Gotteshäusern innewohnt. Daneben gibt es dann etliche ländliche Kirchen aus Backstein. Aber es sind in der Tat nur einige oder wenige. Es gibt dafür einen Grund. Backstein war verhältnismäßig teuer als Baumaterial. Doch die Quader für die Dorfkirchen fanden sich als Gabe des Himmels als Findlingsblöcke auf der Feldmark. In den Dörfern herrschte der Geist der Sparsamkeit, daher wurde der Feldstein dem Ziegel vorgezogen. In den

Dorfkirche in Pflugrade

Städten wieder war das anders oder sogar genau umgekehrt. Da gab es keine Feldsteine. Aber es gab Ziegeleien und, was noch wichtiger war, es gab – verglichen zur Finanzlage der Dörfer – entschieden mehr Geld.
Der Ziegel oder Backstein machte an der Küste Pommerns eine erstaunliche Wanderung von West nach Ost, von Barth über Greifswald und Kolberg bis nach Bütow im äußersten Winkel des Greifenlandes. Zeugnisse der norddeutschen Backsteingotik finden sich bis heute auf vielfältige Weise in Greifswald und auch im Bild der Ruine Eldena, deren Schönheit Caspar David Friedrich auf bezwingende Weise mit seinem Malerauge einfing. Eldena, heute ein Bereich verhaltener Romantik, war einmal ein bedeutendes Kloster und besaß auch auf Rügen Besitz, nämlich die nicht zufällig Mönchgut benannte Halbinsel, die den Greifswalder Bodden von der Ostsee trennt.
Eldena blieb nicht zuletzt durch Caspar David Friedrichs künstlerisches Empfinden bewahrt. Andere ebenso bedeutende Klosteranlagen dagegen gingen unter. Dazu gehört das Kloster Belbuck, das die Prämonstratenser im Umland von Greifenberg gründeten. In der Zeit des Johannes Bugenhagen gab es dort noch unter dem Mitstreiter Martin Luthers ein Seminar, allerdings nur kurze Zeit. Schon bald, nämlich 1534, wurden Kloster und Kirche aufgelassen, verfielen, bis schließlich die ganze schöne Anlage als Steinbruch mißbraucht und als »wüste Stelle« bezeichnet wurde.
Anderen Baudenkmälern Pommerns blieb ein besseres Schicksal beschieden. Die Deutschordens-Burg Bütow zum Beispiel erhielt sich auch nach der Auflösung des Deutschen Ordens in Preußen, obwohl sie von Hand zu Hand ging, bis sie schließlich an Pommern fiel. Aber auch südlich von Bütow, in Bischofswalde im Kreis Schlochau, wurden über die Zeit hinweg Erinnerungen an den Deutschen Orden bewahrt. Dort gab es eine Glocke, die der Hochmeister Ulrich von Jungingen, ein Jahr vor der Schlacht bei Tannenberg dem Dorfe gestiftet hatte.
Erstaunlich aber wahr: Das Element der Not drängt sich auf vielfältige Weise in das Landschaftsbild Pommerns hinein. Es scheint nicht nur im Anblick von Ruinen oder umkämpften Burgen auf. Es scheint auch deutlich in den Dörfern auf, deren Kirchen hölzerne Türme besitzen. Not und Sparsamkeit begegnen sich da auf sichtbare Weise. Diese sichtbare Weise läßt sich sogar auf Notgeldscheinen entdecken, die mannhafte Pommern nach dem Ersten Weltkrieg entwarfen. So druckten die Dramburger 1920 Notgeldscheine, auf denen, umringt von Soldaten der Siegermächte, die Worte zu lesen standen: »Wer unsere Not noch nicht begriffen, dem wird hier der Verstand geschliffen.« Die Scheine wurden jedoch bald auf Drängen der Siegermächte aus dem Verkehr gezogen.
Zeichen pommerscher Eigenart finden sich verstreut über das ganze weit gedehnte Land. So gibt es in Gartz an der Oder als Rest der Stadtbefestigung den sogenannten »Blauen Hut«, dessen charakteristischer Schmuck aus blau schimmernden glasierten Ziegeln besteht. Diese optisch reizvolle Ausschmückung des von Hause aus eher schlicht wirkenden roten Ziegels wurde auch in der Mark angewandt, unter anderem zur Zierde der Katharinenkirche in Brandenburg an der Havel.
Im Kreis Saatzig wieder, der sich an die vielzitierte »Gestohlene Ihna« lehnt, die kurz vor Stargard gemeinsam mit der »Faulen Ihna« in die Ihna mündet, gab es ein Dorf mit dem zunächst irritierenden Namen Konstantinopel. Die Gemeinde wurde in friderizianischer Zeit von der preußischen Staatsrätin Constatia von Blumenthal gegründet und beziehungsreich nach ihr benannt. Immerhin galt eine Staatsrätin in dem nicht unbedingt nur frauen-freundlichen Königreich Friedrich des Großen vergleichsweise als Seltenheit. Ebenso bezie-

hungsreich wie das Dorf Konstantinopel wurden auch die Bewohner scherzhaft »Türken« und der Bürgermeister nur folgerichtig »Sultan« genannt. Als nun im 19. Jahrhundert der reisefreudige Friedrich Wilhelm IV. das Dorf einmal besuchte und einen biederen Bauern, der offenbar die Zusammenhänge nicht kannte, fragte, ob und wo er den »Sultan« sehen könnte, erhielt der König die entwaffnende Antwort: »De Sultan liggt upp'm Meß un schlöppt.« Sultan hieß nämlich – auch! – der Hund des unkundigen Bauern.

Doch es gibt in Pommern nicht nur steinerne oder gelebte Erinnerungen der bäuerlichen Baukultur. In Ralswiek auf Rügen ließen sich die Nachfahren der leibhaftigen aus Schottland stammenden Familie Douglas – wie sollte es anders sein – ein Schloß im Douglas-Stil oder besser gesagt im Tudor-Stil aufführen. Vom Besitz der Familie, die übrigens mit den in Schlesien beheimateten Caroläths verwandt war, öffnete sich der Blick über den Jasmunder Bodden nach Kap Arkona und auch nach Stubbenkammer hin. Zwischen Cammin und Regenwalde wieder lebten die Trieglaffs auf Trieglaff, einem ebenfalls im Tudor-Stil erbauten Schloß. Der letzte Besitzer von Trieglaff, Adolf von Thadden, wurde ein Opfer des 20. Juli 1944. Dicht bei Trieglaff und Regenwalde liegt ein Winkel Pommerns, in dem unzählige Namen von Familien aufleuchten, die manches Kapitel deutscher Geschichte mitgeprägt haben. Dort waren die Flemmings, die Ostens, die Örtzens und auch die Bismarcks, übrigens auf Kniephof, beheimatet. Kniephof bestand in seiner Entstehungszeit aus einem Mittelbau, dem zwei eingeschossige Flügel angefügt waren.

Es gab in Pommern aber auch weitaus größere Schlösser, unter anderem das verhältnismäßig wohlerhaltene Krangen bei Schlawe und das gänzlich zerstörte Schwerinsburg bei Anklam. Schloß Krangen ist ein mächtiger Renaissance-Bau, den Adam von Podewils im späten 15. Jahrhundert emporwachsen ließ. Das Schloß besitzt große barocke Turmhauben und soll nach der Überlieferung soviel Fenster besitzen wie das Jahr Tage hat, nämlich 365. Aber das ist wohl eine Übertreibung. Doch – Übertreibung oder nicht, Schloß Krangen blieb erhalten. Nicht erhalten dagegen blieb Schloß Schwerinsburg, das auf dem halben Wege zwischen Ivenack und Usedom lag und mit seinem steinernen Gesicht ein wenig an das Berliner Kronprinzenpalais an der Straße Unter den Linden erinnerte. Erbaut hat das Schloß der unter der Fahne Friedrichs des Großen vor Prag gefallene Feldmarschall Schwerin. Er hinterließ, wie es in einer Chronik heißt, »Pommerns großes Schloß«, dessen »riesige Mansartdächer das kahle Land wie ein Gebirge überragten.« Kurz vor Kriegsende brannte Schwerinsburg bis auf die Grundmauern nieder.

Erhalten wiederum blieben das bismarck'sche Varzin im Kreise Rummelsburg und das turmgeschmückte, im Tudor-Stil erbaute Jagdschloß Granitz auf Rügen. Von Granitz führt der Weg durch dichte Buchenwälder nach Putbus, in dessen einst fürstlichem Schauspielhaus auch einige Werke des häufig auf Hiddensee lebenden Gerhart Hauptmann aufgeführt wurden. Schloß Putbus selbst glich nach dem Eindruck des Udo von Alvensleben nahezu einem Wunder. »Man fühlt sich an die Pariser Oper erinnert. Salons aus jener Zeit und romantisierende Pracht, wie Menzel, Makart, Meisonnier, Singer-Sargent sie verewigt und Leute wie Pückler, Eugenie und Pauline Metternich sie geliebt haben.« Das Schloß – ein verwehtes Wunder – wurde 1960 durch Sprengung vollständig zerstört. Der letzte Herr auf Putbus, Malte von Veltheim, kam übrigens schon im Februar 1945 im Konzentrationslager Sachsenhausen bei Oranienburg um. Er teilte dort das Schicksal des letzten Herrn von Ribbeck auf Ribbeck im Havelland. Zum Besitz des Fürsten Putbus gehörte auch das ehemals wrangel'sche Schloß Spyker auf Rügen,

das – von vier Rundtürmen beschützt, ein wenig an Schloß Krangen bei Schlawe erinnert.
In Pommern gab es, wie eine aus dem Mittelalter stammende Anklamer Chronik verrät, »viel gemewerte Häuser«, viele gemauerte Häuser, von der »buckligen Welt« rings um Rummelsburg bis nach Stettin hin, das nach den Worten von Carl Ludwig Schleich »noch vornehmlich das Gepräge einer Fischer- und Kommerzstadt« besaß. Als steinerne Zeichen dieser nachklingenden hanseatischen Gesinnung gab es das malerische Tilebein-Haus und den Loytzenhof, in dem die Familie des Hans Loytz lebte, der im 16. Jahrhundert nicht allein Bürgermeister von Stettin war, sondern als Fugger der Pommern galt.
Sie alle haben sichtbare und aus dem Hause der Erinnerung nicht zu verdrängende Spuren hinterlassen – Bauern und Kaufherren, Geistliche und Ordensritter. Nicht zufällig notierte der Pommer Caspar David Friedrich das Wort: »Die Kunst tritt als Mittlerin zwischen die Natur und den Menschen«. In Stettin steht als Zeichen dafür die Hakenterrasse. Sie bildet eine Art Gedankenbrücke von der Oder zur Stadt. An der Hakenterrasse warfen die Bäderschiffe mit dem Blick auf das historische Schloß ihre Anker. In Schlawe wieder umringen zwei wohlerhaltene aus Backstein gefügte Tore die vom Kriege hart gezeichnete Stadt. Typisch für ganz Pommern jedoch blieb über alle Zeitenwende hinweg das Bild der meist ein wenig zu groß geratenen viereckigen Marktplätze. Das zeigt sich in Naugard und in Treptow an der Rega, in Belgard, in Stolp und auch in Greifswald. Als steinernes Signum der Städte erwiesen sich aber keineswegs allein die von Häuserzeilen umkränzten Märkte, die Stadttore, sondern vor allem auch die Rathäuser, gleich, ob sie nun in Philipp Otto Runges Wolgast oder im romantischen Stargard aufragen. Vor allem jedoch in Stralsund, der »altgrauen Stadt, die das Meer umblaut«, wie Ricarda Huch notierte, besitzt dieses Rathaus mit seinem rosettengeschmückten filigranzarten Schaugiebel eine besondere, im besten Sinne gesamtdeutsche Bedeutung. Es ist ein Glied in der Kette ähnlich gegliederter Rathäuser in den Städten Norddeutschlands; und es ist zugleich ein steinernes Signal für die Formenvielfalt und die fast dramatisch wirkende Schönheit, über die manche Meister der Backsteingotik verfügten. Das Stralsunder Rathaus ist nicht allein stilverwandt mit einigen anderen Rathäusern. Es ist auch in dem gleichen Geist erbaut, der die Rathäuser in Lübeck und Tangermünde, in Frankfurt an der Oder und in Königsberg in der Neumark emporwachsen ließ.
Zeichen der Backsteingotik lassen sich jedoch auch in den Resten der alten Befestigungsanlagen mancher alten Städte entdecken – in Stolp und Anklam, vor allem aber in Stargard, wo nach einem Satz des pommerschen Schriftstellers Kurd Schulz »der Kranz der alten Stadtbefestigung sogar einen Ihna-Arm überschwang.«
Zeichen der Eigenart finden sich im steinernen Antlitz Pommerns in mannigfacher Form. Sie lassen sich am Bollwerk von Swinemünde entdecken und vermitteln dort, wie Theodor Fontane es ausdrückte, »allem etwas überaus Anheimelndes, gegen das sich nur ein Griesgram oder eine für die Zauber von Farbe und Form ganz unempfindliche Natur verschließen konnte.« Anheimelndes fand sich auch in den rohrgedeckten Fischerhäusern in Kamp bei Greifenberg, im Bild der sogenannten »Rauchhäuser«, die ihr eigenwillig wirkendes Gesicht der brüllenden Ostsee entgegenstreckten. Liebenswerte Zeichen pommerscher Baukultur fanden sich jedoch auch im Bild der hinterpommerschen Fachwerkhäuser oder im Schatten der Greifswalder Klappbrücke, die sich beim Ortsteil Wieck über den Ryck spannt, und deren Flügel immer nach Bedarf gehoben werden können, wenn ein Schiff den Fluß passieren möchte. Eine ähn-

liche Brücke gab es zur Freude vieler Kinder, die damit ihr Zuspätkommen in der Schule geschickt begründen konnten, auch in der Pregelstadt Königsberg.
Das eindringlichste Zeichen der Baukunst und Baukultur des Ostseelandes Pommern aber bilden wohl bis heute die Backsteinkirchen, die in den Städten an der Küste oder auf dem Höhenrücken ihre rotsamten schimmernden Leiber dem Himmel Pommerns entgegenstrecken. Die breiten und zugleich hohen Fenster dieser Kirchen glichen nach dem Empfinden von Ricarda Huch »gigantischen Harfen, die die Finger des Meersturms zu erwarten scheinen, um den heiligen Raum mit schauerlichen Akkorden zu erfüllen.«

... NICHT NUR EIN BAUERNLAND – GEDANKEN ÜBER DAS GEISTESLEBEN DER POMMERN

Deutsche, denen das Seelenleben der Pommern nicht vertraut ist, halten die Menschen, die am Ostseestrand beheimatet sind, mehr oder weniger für Bauern, für – zugegeben! – sogar geschäftstüchtige Bauern. Aber für geistig regsam halten sie die Pommern nicht oder, zurückhaltender ausgedrückt, kaum. Doch diese Einschätzung ist rundherum nicht allein fatal, sie ist falsch, weil sie einfach auf einem Irrtum beruht.
Die Pommern sind nicht allein geistig regsam. Sie sind auch ausgesprochen empfindsam oder feinfühlig und sie besitzen darüber hinaus, wie Carl Ludwig Schleich verrät, einen beinahe überentwickelten Stolz. Schleich, der seine Landsleute keineswegs nur gut, sondern genau kannte, hinterließ das Wort: »Der Ton in Stettin war 'überkiekig', snobistisch noch bis in meine Jünglingsjahre hinein. Nur nichts Fremdes anerkennen! Das haben wir ja, Gott sei Dank, alles bei uns selbst.«
Dies ausgeprägte Gefühl für den eigenen Wert gehört zu den typischen Charakterzügen der Pommern. Hinzukommt: Der Bauernstand war gesund; Handel und Wirtschaft blühten; das Bürgertum war hoch angesehen und die aus Pommern stammenden Offiziere zählten zu den einsatzfreudigsten und opferbereitesten in ganz Preußen. Allein in den drei Schlesischen Kriegen gaben fast fünfzig Angehörige der in Pommern begüterten Familie Kleist ihr Leben für König und Vaterland, wie es damals hieß.
Doch es gibt auch andere, weit weniger schmeichelhafte Urteile über die Pommern. So zog der spottfreudige Theodor Fontane, der seine Jugend in Swinemünde verlebte, über das Geistesleben der Pommern das eher melancholisch anmutende Resümee: »Was man mit mehr oder weniger Fug und Recht 'Gesellschaft' nennen konnte, bestand aus nicht mehr als zwanzig Familien. Diese zwanzig bildeten (auch ein paar vom Adel aus der Umgegend kamen des weiteren hinzu), eine 'Ressource', zu der noch, wie zur Gesellschaft überhaupt, der Anhang oder die Gefolgschaft einiger der reichsten und angesehensten Häuser gehörten.«
Da tut sich also schon eine Kluft auf zwischen dem »überkiekigen« Ton der Stettiner und den gerade zwanzig – hart ausgedrückt – gesellschaftsfähigen Familien im nicht gerade dörflichen Milieu von Swinemünde. Doch über die Kluft führt eine Brücke. Der Pommer war und blieb bis heute ein eigener Menschenschlag, dem das Gefühl für Selbstbehauptung – eben das Empfinden für den eigenen Wert – vollauf im Blut liegt. Wie sonst hätten die weithin als ruhig, besonnen und nachdenklich charakterisierten Menschen östlich und westlich des Stettiner Haffs Otto von Bamberg die grobe Abfuhr entgegengeschleudert: »Nichts ist uns mit Euch gemein! Die von den Vätern ererbten Gesetze werden wir nicht aufgeben; mit der Religion, die wir haben, sind wir zufrieden. Bei den Dieben gibt es Diebe und Räuber, denen werden die Füße

abgehauen und die Augen ausgestochen. Alle Arten von Verbrechen und Strafen übt der Christ gegen den Christen. Fern von uns sei eine solche Religion.« Aber die Pommern nahmen dann doch diese zunächst von ihnen keineswegs als seelische Bereicherung empfundene Religion an. Sie taten das, weil vielleicht in ihnen – wie in einer Vorahnung – schon das Wort oder die Geisteswelt eines Ernst Moritz Arndt lebte, der seinen Pommern einmal zurief: »Das ist die allergrößte Sünde, daß der Mensch hinieden oft zu sehr nach der Göttlichkeit strebt und darüber vergißt, was er tun sollte.«

Die Pommern wußten durchaus – oder hatten gelernt – »was sie tun sollten.« Sie beugten sich, durchaus nicht devot, aber doch mit innerer Bewegung vor dem Kreuz und sie erwiesen auch dem Landesherrn die Ehre. Sie gaben dem Kaiser – oder in diesem Fall dem König von Preußen – das, was des Königs ist. Sie tolerierten die Macht, wenn diese Macht auch ihr pommersches Wertgefühl tolerierte. Aber sie begehrten auf, wenn diese Macht ihnen die Ehre raubte. Zeugnis für diese Gesinnung legte Ewald von Kleist-Schmenzin ab, Pommer und Deutscher aus Leidenschaft, der für die Ehre seiner Heimat sein Leben gab – ebenso wie die fast fünfzig Kleists in den Schlesischen Kriegen, die allerdings im Gegensatz zu Ewald von Kleist-Schmenzin an die Ehre und Machtberechtigung ihres Königs glauben konnten.

Der Pommer, es gibt unzählige Beispiele dafür, war ein guter Soldat. Aber er war auch ein guter Staatsbürger. Friedrich der Große mußte nie die Loyalität der Pommern seinem Staat gegenüber anzweifeln. Er mußte auch nie eine aufkommende Staatsverdrossenheit rügen. Das ist bezeugt. Ebenso war er auch kein einziges Mal gezwungen, eine mahnende Sentenz an die Administration zu richten. Was der Marienwerderschen Kammer geschah, blieb den Pommern – eben wegen ihrer erprobten Loyalität – erspart. Eigenhändig schrieb der König in seinem wunderlichen Deutsch einmal nach Marienwerder: »Ihr seydt Ertz Schäckers, die das Brodt nicht werth sind, das man Euch giebt, und verdient alle weggejagt zu werden. Wartet nur, daß ich nach Preußen komme. Friedrich.« In der nachfriderizianischen Zeit, in der Ära Napoleons, haben die Ost- und Westpreußen diese Scharte dann allerdings mit Elan und Mut ausgewetzt. In ihnen lebte der Geist eines Joachim Nettelbeck, der in Kolberg anno 1806 nach der Devise lebte und handelte: »Ich sah wohl, auf Hilfe war nicht mehr zu hoffen; geholfen aber mußte werden.« Und Nettelbeck half – als Pommer, als Deutscher, als ein Mensch, der sich der Geschichte seines Volkes gegenüber verpflichtet sah. Viel zu wenig bekannt ist, daß die Pommern ihre eigenen großen Historiker besaßen: Den 1505 in Stralsund geborenen Thomas Kantzow, der ihnen auch einige bittere Wahrheiten in aller Offenheit sagte; und sie besaßen den im nahezu sprachschöpferischen Stil Geschichte schreibenden Johann M. Micraelius, der am Ende des 16. Jahrhunderts in Köslin geboren wurde. Zu den in Pommern geborenen Geschichtsschreibern von Rang gehörte auch der 1808 zu Welt gekommene Johann Gustav Droysen, dessen Wiege in Treptow an der Rega – oder, wie es in alten Chroniken heißt – in Treptow an der Seekante stand.

Die Pommern besaßen und bewahrten sich bis heute neben ihrem Gefühl für Pflichttreue auch einen gesunden Sinn für eine liebenswerte Weltoffenheit. Caspar David Friedrich hat dieses den Pommern eigene Element der inneren Wärme mit dem Hinweis charakterisiert: »Wo Herz und Gemüt im Menschen erkaltet ist, da kann die Kunst nie heimisch sein.« Bei den Pommern ist dieses Gefühl aber nie erkaltet. Sie besaßen und besitzen und, muß man hinzufügen, sie kultivieren ähnlich wie die Berliner, nur vielleicht um eine Schattierung zurückhaltender, die vielzitierte »Träne im Knopploch«, die mit verhaltener Wehmut gepaarte Rührung. Diese Gesinnung kommt auch im Pommernlied zum Ausdruck, das der Demminer Adolf Pompe niederschrieb:

»Wenn in stiller Stunde Träume mich umwehn,
bringen frohe Kunde Geister ungesehn,
reden von dem Lande meiner Heimat mir,
hellem Meeresstrande, düsterm Waldrevier.«

Caspar David Friedrich hat den Geist dieser Landschaft, eben der Heimat Pommern, bewahrt. Doch sein Weg, sein Zugang zur Kunst, wurde ihm nicht allein in Pommern, sondern auch anderswo zunächst ungemein schwer gemacht. Er besaß, wurde er kritisiert, »die Vermessenheit, auf eigenen Füßen zu gehen.« Er besaß eben genau das, was den Pommern in die Wiege gelegt ist. Er besaß sein eigenes Wertgefühl. Er wußte allerdings auch mit der Gabe des Himmels, mit der ihm geschenkten Beziehung zur Kunst umzugehen und verstand es, nicht nur seine pommerschen Landsleute mit dieser seiner Kunst – wie er es ausdrückte – zu beglücken. Er prägte dazu das Wort: »Wenn ein Bild auf den Beschauer seelenvoll wirkt, wenn es sein Gemüt in eine schöne Stimmung versetzt, so hat es die erste Forderung eines Kunstwerkes erfüllt. Wenn ein Bild den gefühlvollen Beschauer ohne Rührung, kalten Herzens läßt, und wäre es übrigens noch so musterhaft in Form und Farbe, so kann es keinen Anspruch auf den Namen eines wahrhaften Kunstwerkes machen, wohl aber auf den einer schönen Künstelei. Aber ein vollendetes Kunstwerk vereinigt beides in sich.«
Ganz ähnlich empfand Caspar David Friedrichs Landsmann Philipp Otto Runge. Er schrieb einmal seinem Bruder: »Ich will mein Leben in einer Reihe Kunstwerke darstellen; wenn die Sonne sinkt, und wenn der Mond die Wolken vergoldet, will ich die fliehenden Geister festhalten; wir erleben die schöne Zeit dieser Kunst nicht mehr, aber wir wollen unser Leben dransetzen, sie wirklich und in Wahrheit hervorzurufen; kein gemeiner Gedanke soll in unsere Seele kommen; wer das Schöne und das Gute in inniger Liebe in sich festhält, der erlangt doch immer einen schönen Punkt. Kinder müssen wir werden, wenn wir das Beste erreichen wollen.«
Ein Kind dieser pommerschen Geisteswelt, das auch eine gesunde Beziehung zu seinem eigenen Wert besaß, war der aus Schivelbein stammende Rudolf Virchow. Er war, das muß gesagt sein, aber auch ein durchaus schwieriger Pommer, nämlich schwierig und eigensinnig zugleich. Er galt schon in seiner Gymnasialzeit als schlechter Schüler, der vor allem durch ungutes Benehmen auffiel; und er war später ein wohl loyaler, aber keineswegs schweigsamer preußischer Staatsbürger, der sich nicht scheute, sich wortgewaltig als entschiedener Gegner seines pommerschen Landsmannes Otto von Bismarck zu artikulieren. Die Abneigung beruhte auf Gegenseitigkeit. Beide, Bismarck und Virchow, waren wohl aus dem gleichen Holz geschnitzt. Vom vielzitierten Eisernen Kanzler ist, nach seiner ungnädigen Entlassung durch Wilhelm II. ein Wort überliefert, das Virchow – wäre er in der gleichen Situation gewesen – nicht besser oder bissiger hätte formulieren können. Bismarck soll damals zu Freunden gesagt hagen: »Wenn ich im Himmel dem Kaiser begegne, so drehe ich mich ohne Gruß um.« Virchow wußte, wovon er sprach, wenn er mit Bismarck haderte und er wußte ebenso, wovon er sprach, wenn er sich über medizinische Probleme ausließ. Zwei beziehungsreiche Äußerungen machen das deutlich. Der hochangesehene Mediziner Rudolf Virchow bekannte einmal: »Kein Arzt kann ordnungsmäßig über eine Krankheit denken, wenn er ihr keinen Ort im Körper anweisen kann. Wir müssen auch dann einen Sitz der Krankheit annehmen, wenn wir keine sichtbare Veränderung entdecken.«

Der Zeitkritiker Virchow wieder stellte einmal in pommerscher Deutlichkeit fest: »Ich bin mir seit langer Zeit bewußt, frei und klar in der Zeit zu stehen und ihre Bewegungen frisch und frühzeitig in mich aufzunehmen. In den Menschen habe ich mich oft getäuscht, in der Zeit noch nicht. Davon habe ich den Vorteil gehabt, daß ich jetzt kein halber Mensch bin, sondern ein ganzer, und daß mein medizinisches Glaubensbekenntnis in meinem politischen und sozialen aufgeht.«

Carl Ludwig Schleich hat dieses soziale Glaubensbekenntnis Virchows – hinter dem sich nichts anderes als ein tief empfundenes Verantwortungsbewußtsein verbirgt – einmal hautnah erlebt und hernach geschildert.

Die Frau eines Metzgers war gestorben und lag nun im Leichenkeller. Der Unmensch von Leichenwächter, der dort im Keller laborierte, hatte – volltrunken – die Tote aus dem Sarg geworfen, sich selbst dort hineingelegt, um darin seinen Rausch auszuschlafen. Was aber noch weit schlimmer war, der Metzger hatte das Unfaßbare gesehen. Virchow ergriff, wie Schleich es später darstellte, die Flucht nach vorn. Er gab dem Witwer die Hand, versprach Genugtuung und stieg mit dem Mann in den Leichenkeller hinab. »Wahrhaftig, da lag in den zerwühlten Kissen, um sich die Hobelspähne verstreut, schnarchend das Vieh von einem Wärter. Der Präparatenspiritus war eine riesige Gefahr für diese Leute. Virchow schlug ihm blitzartig hinter die Ohren, riß ihn mit meiner Hilfe heraus, und wir warfen ihn wie ein Bündel Flicken in die Ecke. Dann säuberte Virchow eigenhändig die Leiche, bettete alles feierlich und förmlich zurecht und hob die gekränkte Tote selbst zurück in ihr letztes Bett. Dann sagte er: »Herr Schlächtermeister! Verschieben Sie bitte die Beerdigung um eine Stunde. Ich komme selbst. Ich werde mir persönlich die Ehre erweisen, Ihrer verstorbenen Frau das letzte Geleit zu geben!« »Aber, Herr Geheimrat! Es geht bis nach Weißensee!« »Das tut nichts. Ich komme.«
Und er kam tatsächlich. Er war, wie Carl Ludwig Schleich es ausdrückte, »ein großer Psychologe«, denn mit seiner »genialen Diplomatie verhütete er einen gewiß gräßlichen öffentlichen Skandal.«
Diese tiefinnerliche Beziehung zum Beruf, das Wissen, daß Beruf von Berufung abgeleitet wird, besaß auch der auf Rügen geborene Chirurg Theodor Billroth. Er war ein Mann, der von früh bis spät, tagaus, tagein von seinem Beruf in die Pflicht genommen wurde und sich zu dieser Pflicht auch bekannte. Zuweilen freilich litt er schon unter der beständig auf ihn einstürmenden Belastung. Dem mit ihm befreundeten Johannes Brahms schrieb Billroth einmal: »Du sagtest neulich, es gäbe doch nichts Schöneres, als gleich in den frühen Morgenstunden sich mit schöner, ernster Lektüre oder Kunst zu beschäftigen. Da dachte ich mir: Ich armer Teufel, wie selten kommt dir das, was Du, beneidenswerter Mensch, jeden Tag haben kannst.« Diese Welt der Ruhe und Selbstbesinnung fing die pommersche Dichterin Alwine Wuthenow einmal in einem, in der Mundart ihrer Heimat niedergeschriebenen Vers ein.

»Achtern Wald, dor wahnt de Jäger,
recht een wohren Galgenstrick,
doch een Prachtstück von en Bengel,
un mien Leewste, dat bün ik!«

In diese vom inneren Frieden erfüllte Welt kann sich freilich auch Unruhe, Unfrieden und Leid hineindrängen. Der in Greifswald geborene Hans Fallada – der eigentlich Rudolf Ditzen hieß – hat das zuweilen spannungsgeladene Umfeld der kleinen Leute sozialkritisch in seinem Werk nachempfunden, unter anderem im »Blechnapf«, auch in dem vielgelesenen Buch »Kleiner Mann – was

Paul Nipkow (1860-1940) in Lauenburg geboren, erfand die Nipkow-Scheibe, ohne die das Fernsehen technisch unmöglich wäre. Als er die Scheibe ersann, gab es in Lauenburg noch kein elektrisches Licht.

nun?« und schließlich in seinem »Eisernen Gustav«, der später in der Verfilmung mit Heinz Rühmann in der Titelrolle ein besinnlicher und zum Nachdenken zwingender Erfolg wurde. Fallada hat das Kriegsende in seiner Heimat erlebt und geschildert. Er nahm sogar im Jahr des Kriegsendes im mecklenburgischen Feldberg bei Neustrelitz das Amt eines Bürgermeisters an, bis er dann nach Berlin zog und die Feder aus der Hand legte, arm, krank und wohl auch enttäuscht von der Welt, aber nicht enttäuscht von seinen pommerschen Landsleuten. Doch was wäre das Geistesleben des wieder und wieder nur als Bauernland charakterisierten Pommern ohne Ewald von Kleist. In Zeblin bei Bublitz geboren, gewann Kleist die Freundschaft Gleims, Gellerts, vor allem Lessings. Er dichtete als Soldat unter den Fahnen Friedrichs des Großen, um von Freund und Feind geehrt, nach einer Blessur in der Schlacht bei Cunersdorf allzufrüh in dem damals von den Russen besetzten Frankfurt an der Oder zu sterben. Sogar die Offiziere der Zarin, die Kleists König bei Cunersdorf geschlagen hatten, gaben dem Dichter die letzte Ehre, während der General Finck in Berlin den erschütternden Brief las, den der König nach der verlorenen Schlacht im ersten Schock der Niederlage auf dem Rücken eines vor ihm knienden Offiziers – der ihm sozusagen den Tisch ersetzte – zu Papier gebracht hatte. »Dießes unglük gantz wiederherzustellen, geht nicht an.«

Lessing setzte später Kleist ein literarisches Denkmal. Er wählte ihn als Vorbild für die Gestalt des Majors von Tellheim in seiner »Minna von Barnhelm«. Doch Kleist überlebte geistig auch auf andere Art. Unter anderem mit seinem Vers:

»Ihr, die die schwere Hand des Unglücks drückt,
ihr Redlichen, die ihr mit Harm erfüllt,
das Leben oft verwünscht, verzaget nicht
und wagt die Reise durch das Leben nur!
Jenseits des Ufers gibt's ein besser Land.«

Für ein »besser Land« im geistigen Sinne hielt auch der nach Pommern verschlagene Carl Loewe die Orgelbank von St. Jakobi in Stettin, an der er über vier Jahrzehnte hindurch im Rausch der Melodien schwelgte. Dazu bekannte er: »Ich fühle mich übrigens recht glücklich hier unter den biederen Pommern.« Die »biederen Pommern« allerdings dankten Loewe dieses Bekenntnis wenig. Sie waren eben »überkiekig«. Carl Ludwig Schleich notierte dazu: »Es war erstaunlich für uns Jüngere, zu hören, daß den richtigen Stettiner Logenbrüdern es gar nicht besonders imponierte, daß allsonnabendlich in der Loge ein gewisser Carl Loewe mit einem neuen Manuskript angezogen kam und den Brüdern eine frisch gesetzte Ballade so 'nach Tisch' vortrug, die sie auch wirklich 'recht hübsch' zu finden geruhten. Es paßt ganz gut zu diesem selbstbewußt stettinisch kühlen Ton des Ansichherankommenlassens, daß viele alte Stettiner später verwundert waren, daß 'unser Carl Loewe' soetwas wie ein 'klassisches Genie' gewesen sein sollte.« Doch Pommern besaß nicht allein in der Gestalt des Wahl-Pommern Carl Loewe einen Genius. Es besaß auch in Otto Lilienthal einen in die Zukunft weisenden Geist, der dazu noch mit der Gabe der poetisch verklärten Sprache beschenkt war. Für ihn war das Fliegen eine Kunst. Das bekannte er auch ohne Zögern. »Von nichts als von der Luft berührt, von nichts als durch den Wind gehoben, mit einem gut erprobten Apparat dahinzugleiten, der, auch dem leisesten Druck gehorchend, unserem Willen sich fügt, ohne Stoß, ohne Geräusch, nur von einer leisen Äolsharfenmusik begleitet.«

Geist von diesem Geist – und echter Pommer dazu – war auch der in Stolp zur Welt gekommene Reichspostmeister Heinrich von Stephan, dem Theodor Heuß das Wort widmete: »Dieser Heinrich Stephan ist eine der sachlich wirkungsvollsten menschlich anziehendsten Erscheinungen in dem deutschen öffentlichen Leben des 19. Jahrhunderts.« Stephan selbst empfand all das, was er – für Deutschland! – leistete, vorantrieb und ersann, als Selbstverständlichkeit. Er scheute sich auch nicht, Mißstände ohne Umschweife anzuzeigen. Anlaß dazu bot ihm das schwer durchschaubare Tarifgefüge der Post im damals noch nicht geeinten Deutschland. »Die Posttaxen in Deutschland bieten das Bunteste dar, was man sich vorstellen kann, so daß man fast glauben möchte, es sei aller Scharfsinn aufgewandt worden, die Verschiedenheit so groß wie möglich zu machen. Die Tarifsätze faßt niemand – ein Trost für den menschlichen Geist: Die Erhebung der Taxen ist vielfach eine Wahrscheinlichkeitsberechnung.«

Nicht das Wahrscheinliche, sondern durchaus das Unwahrscheinliche verlangte und ertrotzte der im hinterpommerschen Schlawe geborene Hans Bredow. Zum Staunen der Welt und vielleicht auch zum Verdruß aller Kleingläubigen, die seine Gedanken für pure Phantasie hielten, wurde er zum Vater des Rundfunks. Er hat nicht nur selbst den Begriff Rundfunk geprägt. Er hat auch das ersonnen, was technisch zur Praktizierung des Radio-Hörens unerläßlich war. Bredow war, ebenso wie sein pommerscher Landsmann Edwald von Kleist-Schmenzin, ein entschiedener Gegner all dessen, was nach 1933 geschah. Nur folgerichtig verlor er sein Amt als deutscher Reichsrundfunk-Kommissar. Einige seiner engsten Mitarbeiter wurden damals verhaftet. Bredow, echt pommerscher Charakter, wünschte, ihr Schicksal zu teilen und wurde daraufhin ebenfalls eingekerkert. Nach 1945 hat er sich dann beim Neuaufbau des Rundfunks im Westen Deutschlands enorme Verdienste erworben. Hans Bredow gehörte seinem Naturell nach zu den »Stillen im Lande«. Er liebte kein Aufhebens. Er liebte die Tat und die Leistung. Als er einmal gefragt wurde, was er denn für die Entwicklung des Rundfunks alles getan hätte, erklärte er in tiefer Bescheidenheit: »Ich habe wohl die ersten Anregungen gegeben und die Anfangsschwierigkeiten beseitigt für die Leistung und Ausbreitung des Rundfunks. Mich selbst hat nur ein gütiges Geschick in der

entscheidenden Stunde auf die Plattform gestellt, von der aus die Einzelleistungen und auseinanderstrebenden Interessen auf ein gemeinsames Ziel hingelenkt werden konnten.«
Zu den häufig vergessenen Geistesgrößen Pommerns gehört vor allem auch Paul Nipkow. In Lauenburg, im äußersten Osten des Landes geboren, galt er schon in der Schule als Phantast. Diese Meinung teilten seine Freunde – und gewiß auch seine Feinde – noch immer, als Nipkow einmal bekannte: »Wir können uns beim Telephonieren noch nicht sehen. Eigentlich müßte es doch möglich sein, wenn sich Töne übertragen lassen, auch Bilder zu transferieren.« Alle Welt lachte Nipkow aus. Nur er selber lachte nicht. Er blieb sich selbst treu und ersann die sogenannte »Nipkowsche Scheibe«, ohne deren Funktion das Fernsehen heute technisch nicht denkbar wäre. Nipkow war in diesem Sinne mit Bismarck geistesverwandt. Er suchte in dem ihm vertrauten Bereich mit der »Kunst des Möglichen« das unmöglich Erscheinende möglich zu machen. Und es gelang ihm. Geist vom Geiste Bismarcks, das blieb den Pommern – ungeachtet der Abneigung Virchows – ein Stück Wirklichkeit. Das blieb aber auch als ein Winkel tief empfundener Bekenntnisfreudigkeit bewahrt für den vormals gesunden Bauernstand, für die geachteten Bürger und das opferbereite Soldatentum. Was Bismarck forderte, blieb Vision und Ziel bis heute: »Setzen wir Deutschland nur in den Sattel! Reiten wird es schon können.«

... DEN ALTEN BRÄUCHEN ZUGENEIGT

Die Pommern – von Hause aus ein wenig abergläubisch wie viele Norddeutsche – haben sich ihr zuweilen eigenwilliges Brauchtum bewahrt. In manchen Sitten, vor allem auf dem Lande, irrlichtern noch immer heidnisch wirkende Überlieferungen. Diese Eigenart ist oft nichts anderes als ein Protest gegen die allzu puritanische Strenge der evangelischen Kirche, deren Gebot der eher rustikalen Lebensart oder Mentalität der Pommern zuweilen sehr widersprach. Selbst ein Otto von Bismarck, der schon eine tiefgehende Beziehung zu seinem Herrgott besaß, ließ sich in der Zeit des Kulturkampfes als echter Pommer zu der Äußerung hinreißen: »Der pharisäische Mißbrauch, den die pommerschen wie die römischen Gegner mit Gottes Wort treiben, macht mich in meinem Vertrauen auf Christi Verdienst nicht irre.«
Die Pommern verlegten sich auch, wenn sie in Not waren, keineswegs nur aufs Bitten und Beten. Wenn die Mönchguter Fischer wieder und wieder ihre Netze von Seehunden zerrissen fanden, die als Zugabe noch die Fischbeute aufgefressen hatten, dann schlugen sie kein Kreuz, sondern stimmten ein allerdings schwermütig klingendes Lied an und wiegten sich dazu in ihrer farbfrohen Tracht mit ihren Frauen nach dem Rhythmus der Melodie im Tanze.

»Hal mi den Saalhund
ut'n Stranne
to Lanne!
Hi het mi all de Fisch upfräten,
het mi't ganze Nett terräten.
Hal mi den Saalhund
ut'n Stranne
to Lanne!«

Die Bräuche waren zuweilen rauh, aber sie führten, wie Carl Ludwig Schleich es ausdrückte, nie zu nackter Feindschaft oder zu blankem Haß. »Bollwerks- und Straßenschlachten mit Besenstielen und Faßreifen, die prächtige Husarensäbel abgaben, wurden strategisch sorgsam vorbereitet. Aus vielen solchen Renkontres, bei denen es häufiger Zahn um Zahn als Auge um Auge ging, habe ich mir eine gewisse Zuversicht in allen Kampflagen erworben, aber auch eine deutliche respektable Hinneigung zu meinen Feinden; denn wenn wir uns auch prügelten, wir hatten uns doch ganz gerne, und so habe ich meinen zahlreichen und manchmal nicht sehr zarten Gegnern im Lebenskampfe nie so recht bös' sein können.«

Diese zunächst fremd und auch wieder fast heidnisch anmutende Spielart des Brauchtums wurde sogar bei Familienfesten praktiziert, unter anderem bei der Hochzeit der Thaddens auf Trieglaff. Udo von Alvensleben berichtet dazu: »Bei einer Hochzeit – bei der Bismarck übrigens seine spätere Frau Johanna von Puttkamer kennenlernte – brannte ein großer Teil des Dorfes Trieglaff ab. Das Feuerwerk entzündete eines der Strohdächer. Die Feuerspritze war nicht verfügbar, weil sie zum Fest in eine Fontäne verwandelt war. Die ganze Hochzeitsgesellschaft beteiligte sich an den Rettungsarbeiten und die Braut selbst schirrte im vollen Hochzeitsstaat die Pferde an. Großmutter Ida, die Cousine der Braut, bekam den Auftrag, die Habseligkeiten der Abgebrannten im Garten zu bewachen. Bismarck amüsierte sich in allem Tumult damit, als maskierter Räuber aus dem Busch hervorzubrechen und Großmutters Mut auf die Probe zu stellen.«

Die Sitten waren in der Tat rauh. In einigen Gegenden Pommerns, wo es Hünengräber gab, bestieg die Braut einen dieser großen flachen Steine und verkündete lautstark, wer sie liebe, müsse auf den Stein hinaufkommen und dort mit ihr tanzen. Damit war der Bräutigam angesprochen, der natürlich das Angebot annehmen mußte und, nachdem er oft den Stein recht mühsam erklommen, dort droben die Dame seines Herzens im Tanze zu wiegen hatte.

Die Bauernhochzeiten selbst, sorgsam vorbereitet durch den Hochzeitsbitter, fielen meist üppig aus, vor allem auf dem Lande und die Feierlichkeiten zogen sich nicht selten über mehrere Tage hin, übrigens auch schon im Mittelalter. Das führte dann nicht selten schon bald nach der Trauung zu Schwierigkeiten. Bartholomäus Sastrow hat im 16. Jahrhundert dies Schicksal erlitten und hinterließ seinen feierfreudigen Landsleuten einen genauen Bericht über das, was er durch seine allzu üppig begangene Hochzeit verschuldet hatte. »Ich vertat in meiner Hochzeit, meinen Kleidern und was sonst dazu gehörte, alles, was ich verdient hatte, und wie auch das, was mir von den Herzögen verehrt wurde, so daß ich nach der Hochzeit nicht mehr als einen lübischen Goldgulden übrig behielt. Ich kam in ein Mietshaus zu wohnen, darin es nackend und bloß aussah, so daß mein Weib nicht einen Kessel vorfand, in dem sie, wenn sie waschen wollte, Lauge heiß machen konnte, sondern einen Topf dazu nehmen mußte. Ich hatte kein Amt und auch sonst keinen Erwerb, bekam keinen Brautschatz, weder von meinem noch von meines Weibes Vater.«
Rustikal derb fielen auch die Fastnachts-Scherze aus. In einigen Gegenden gingen die Kinder dabei, mit Ruten bewaffnet, zum Wurststiepen. Diese Sitte des Stiepens war sonst mehr um die Osterzeit verbreitet, wenn die Stuben mit Frühlingssträußen geschmückt sind, an denen, ähnlich wie in Bayern, ausgeblasene und bemalte Eier hängen. Wenn dann die Familie friedlich schmausend versammelt ist, zuweilen aber auch sehr viel früher, stürmen die Stieper schreiend mit den Worten herein:

»Stiepe, stiepe Osterei,
gibst du mir kein Osterei,
hau ich dir den ... entzwei.«

In Berlin, wo dieser Brauch auch noch geübt wurde, ersetzte man allerdings den schamhaft durch Pünktchen

verdeckten Begriff offenherzig mit dem dafür üblichen Namen. Der Brauch wurde oft und gern geübt, weil er – ob an der Spree oder der Persante – meist zum Erfolg, in diesem Fall zur Herausgabe von Ostereiern führte.
In einigen Landstrichen Pommerns war auch das sogenannte Eier-Trudeln bekannt, das eine große Ähnlichkeit mit dem bei den Baltendeutschen praktizierten Eier-Kollern besaß. Allerdings betrachteten die Pommern das Eier-Trudeln als Vergnügen, das nur bedingt mit der Dreingabe eines hochprozentigen Wässerchens verschönt wurde. Bei den Baltendeutschen war es genau umgekehrt, das gekollerte Ei galt als Zugabe und die flüssige, Sakuska benannte Darreichung, wurde sozusagen als Hauptgericht gewertet. Ostern, also wenn das oft grimmig kalte Pommernland frei nach Goethe »vom Eise befreit war durch des Frühlings bezwingenden Hauch«, gab ohnedies Anlaß zu vielerlei Brauchtumsvariationen. Dazu gehörten im Umland von Greifswald die vielzitierten Osterwölfe, ein mit Kümmel, aber auch da und dort mit Rosinen bestreutes Gebäck. Zu Ostern aber gehörte ebenso, vor allem in Hinterpommern, das vielbelächtelte Osterwasserholen. Die weibliche Jugend betätigte sich da in vielfacher Weise in der Osternacht, holte still in aller Frühe das als Schönheitselixier gerühmte Wasser, wobei es darauf ankam, während des Wasserholens niemandem zu begegnen und auch mit niemandem zu sprechen, weil sonst das Wasser seine vielversprechende schönheitsbildende Wirkung verlor. Die männliche Jugend, die ohnedies nicht an die Heilkraft des Wassers glaubte und die ganze Prozedur für Hokuspokus hielt, machte sich Jahr um Jahr einen Spaß daraus, die Mädchen beim Wasserholen zu überraschen und anzusprechen. Dadurch wurde nach dem Glauben der schönheitshungrigen Mädchen aus dem Osterwasser schlichtes Schlatterwasser. Die pommersche Jugend besaß ohnehin eine eigene Beziehung zu den Bräuchen. So verspürten die Buben keinerlei Angst vor dem Nikolaus, vielleicht, weil die stille Zeit im Jahr für sie einen besonderen Reiz besaß, den es in keinem anderen Teile Deutschlands in dieser Form gab. Viele Pommern begingen nämlich – parallel zu Advent und Weihnachten – auch das Fest »Lüttenweihnachten«. Der aus Greifswald stammende Hans Fallada erklärte dazu: »Wenn es für die Menschen Weihnachten gibt, so muß es das Fest auch für die Tiere geben. Wenn für uns ein Baum brennt, warum nicht für Pferde und Kühe, die sonst das ganze Jahr doch unsere Gefährten sind.«
So gilt Lüttenweihnachten in Pommern als Fest für die Tiere und ist damit ein Dankeschön für die arme Kreatur, die allzuoft der Willkür der Menschen ausgeliefert bleibt. Neben dieser Eigenart besitzt die Weihnacht der Pommern aber auch andere Besonderheiten. Da findet sich die aus Seidenpapier gefertigte Christrose, die in ein Glas gestellt wird, in dem auch eine Kerze steckt. Der Schein dieser Christrose hüllt die Weihnachtsstube oft in ein magisch-anheimelndes Licht. Dazu gibt es aber an Heiligabend in vielen Familien als ungewöhnliche Speise Erbsen und hernach Kollatschen; und da gab es, wie Theodor Fontane erzählt, in seinem Elternhaus vor der Bescherung so etwas wie einen rituellen Umgang um den Wohnzimmertisch. In den heiligen Nächten wieder, zwischen der Christnacht und dem Dreikönigstag, war das Land gelegentlich von nahezu alemannisch anmutenden Bräuchen erfüllt. Die Roggenmuhme und manche anderen wunderlichen Gestalten zogen, mit bizarren Masken vor den Gesichtern und mit lautem Geschrei durch die Straßen und von Haus zu Haus.
Die Bräuche gingen vielfach auf Überlieferungen aus dem ländlichen Bereich zurück. Beim ersten Schnitt mit der Sense rief der Bauer »Help Gott« und wenn er das Korn einfuhr, streute er – nicht immer, aber meist – eine Handvoll Körner vor das Scheunentor und sprach dabei

Rügenwalde. Wappen der Brauer an der Friedhofskapelle.

die als magische Formel ersonnenen Worte: »Maus, hier hast du das Deine, laß mir das Meine.«
Das Ernte-Einbringen war von manchen lautstarken Gesten begleitet. Unter anderem vom Vogelschießen, wobei in vorpreußischer Zeit auf dem Mast ein hölzerner Papagei als Ziel und mögliche Trophäe für die Schützen hockte. Der Papagei verwandelte sich später in eine Taube und erlebte schließlich seine Wiedergeburt als Adler. Zum Ernte-Einbringen gehörte als Preis für die harte Arbeit auch ein Fest, gehörten Musik und Tanz. Otto von Bismarck hat das in Varzin oft erlebt und prägte dort nach einem feucht-fröhlichen Erntedankfest den Satz: »Noch keine Großmacht hat mich so zu schwenken vermocht wie meine Großmagd.«
Die Pommern verstanden und verstehen es bis heute, ihre Feste zu feiern. Nicht zufällig lautet eine vielzitierte Redensart: »Sie bitten gerne Gäste und gehen wieder zu Gaste.«
Auf diesen, dem Jahreslauf des Brauchtums angepaßten Festen wurde dann immer das gereicht, was die pommersche Küche an Spezialitäten zu bieten hat. Dazu gehörte Lungwurst in Pfefferkuchensauce bereitet oder Gänsebraten mit einer Fülle aus Brot und Früchten angerichtet. Dazu gehören aber ebenso die vielgerühmten pommerschen Flundern und Schweinebraten mit Musik, wobei die Musik nicht zu hören, aber sehr wohl zu schmecken ist; denn wenn das Wort Musik im Zusammenhang mit dem Begriff Schweinebraten fällt, dann versteht der Pommer darunter ein Stück Fleisch, das eine kräftige Kruste besitzt. Die große, für Nicht-Pommern eher irritierende oder sogar abschreckende Spezialität der pommerschen Küche aber ist das sogenannte Swartsuer, das aus gequirltem Gänse- oder Schweineblut gefertigt wird. Diese für manchen feinnervigen Magen schockierende Speise hielt Theodor Fontanes Vater in Swinemünde für ein stärkendes Labsal. Er pries das Gericht mit dem Hinweis: »Das ist die schwarze Suppe der Spartaner, alles Saft und Kraft.«
Vielleicht steckt in dieser Einsicht ein in Pommern durchaus spürbarer Hintergrund. Carl Ludwig Schleich jedenfalls muß den einsichtigen Hintergrund gekannt

oder sogar erkannt haben. Von ihm stammt nämlich die Erkenntnis: »Ein Mensch ist so stark, wie er lustig sein kann. Man ist in dem Maße jung, als man empfänglich bleibt für die Freuden der Jugend. Ein vergnügter Greis ist eben nur ein alter Knabe.«

GRENZLAND POMMERN

Goethe vertraute seinem Eckermann in Weimar einmal das Wort an: »Der Mensch ist nicht geboren, die Probleme der Welt zu lösen, wohl aber zu suchen, wo das Problem angeht, und sich dann in den Grenzen der Begreiflichkeit zu halten.« Das Problem Pommerns war und blieb bis heute die Frage der Grenze und die Grenzlage überhaupt. Pommerns Schicksal war allezeit, daß es offene Grenzen besaß. Daher blieb das weitgedehnte Land, im Norden von der Ostsee beschirmt, in seiner Mitte von den Ausläufern des Baltischen Höhenrückens durchzogen, immer angreifbar und immer weitgehend schutzlos den Mächten ausgeliefert, die es teilen und zerreißen und zerstückeln wollten. Pommern war keineswegs wie die Heimat der Niederdeutschen an der Nordsee »up ewig ungedeelt«. Pommern litt Jahrhundert um Jahrhundert unter Teilung und Kampf, unter Besetzung und Bevormundung. Dänen und Russen, Schweden und Preußen, Polen und Deutschordens-Ritter stritten um den Besitz dieses Winkels deutscher Heimat. Seit der Christianisierung durch Otto von Bamberg erwies sich die Grenzlage des Landes für Pommern als Frage des Schicksals.

Doch die Pommern leben nicht allein mit diesem Schicksal. Sie ertrugen es auch mannhaft und sie blieben über alle Zeiten der Anfechtung hinweg nach dem Wort, das der rauhe Soldatenkönig Friedrich Wilhelm I. in sein Politisches Testament einfügte, »getreue wie goldt«. Sie blieben nicht nur der Sprache, sondern auch der Gesinnung nach allezeit Deutsche. Es focht sie nicht an, als nach dem Ersten Weltkrieg der sogenannte »Polnische Korridor« das Land zwischen dem Saaler Bodden und dem »Blauen Ländchen Lauenberg« von Westpreußen trennte, eine Kluft aufriß zwischen Leba und Nogat und Ostpreußen nach Agnes Miegels bitterem Wort zur »Einsamen am Brückenkopf Deutschlands« machte. In Groß Boschpol, dem letzten deutschen Bahnhof der Linie, die von Stettin über Stargard und Belgard, über Schlawe und Stolp nach Danzig führte, wehten damals die deutschen Fahnen und die blauweißen Farben Pommerns. Wenige Kilometer östlich flatterte das Banner Polens.

Die Pommern blieben deutsch, vielen Versuchungen und auch vielen Anfeindungen zum Trotz. Erstaunlich aber wahr, ihnen blieb sogar im Gegensatz zu den Ostpreußen und Oberschlesiern die demütigende Prozedur einer Abstimmung erspart. Vielleicht geschah das allerdings nicht zufällig. Während es nämlich in Masuren und in einzelnen Gegenden Oberschlesiens in der Tat eine polnische Minderheit gab, war die Zahl der Polen, die auf pommerschem Boden lebten, verschwindend niedrig. Bei den letzten freien Reichstagswahlen von 1932 erhielten die Kandidaten der polnischen Liste ganze 0,04 Prozent des gesamten in Pommern abgegebenen Stimmenanteils. 1938 – bevor, wie es damals hieß, die »Lichter im alten Europa erloschen«, erlebte Pommern noch einmal eine geographische Vergrößerung. Das Gebiet um Schneidemühl, mit Kreuz an der Netze, mit Deutsch-Krone, Flatow und Schlochau, also der Rest der vielzitierten Grenzmark Posen-Westpreußen, wurde verwaltungsrechtlich dem Greifenland zugeschlagen.

Die geistige, aber ebenso auch die politische und wirtschaftliche Mitte des Landes war damals Stettin, die Stadt, auf die – wie Heinrich Laube schon kurz nach

Goethes Tod notierte – »die Pommern stolz sind. Sie finden es schön gelegen und das hügelige Terrain am Wasser ist auch wirklich recht artig.« Stettin erwies sich jedoch nicht allein als Mitte Pommerns überhaupt – auch als großer Hafen und Hafen des Hinterlandes; Stettin war auch Sitz eines Regierungspräsidenten, dem das Gebiet von Barth bis Saatzig oder, an Landschaftspunkten orientiert, der Bereich vom Darßer Ort bis zum Oberlauf der Ihna unterstand. Das war, vom Standpunkt der Administration her bewertet, das Gebiet von Vor- und Mittelpommern zusammen. Es gab dort also, um es mit Christian Morgenstern zu sagen, »keine Grenze der Dinge.« Die Grenze, die am Ende nichts anderes als Teilung oder Abschnürung bedeutete und im Verlaufe der keineswegs immer glückvollen Geschichte das Land wieder und wieder zerriß, schockierte alle Deutschen, aber besonders die Pommern erst wieder 1945.
Für weite Teile Pommerns blieb dieser Schock im Herzen der dort beheimateten Deutschen nachhaltig. Für die Stettiner wurde er unmittelbar nach dem Ende der Kampfhandlungen auf eigenwillige Art abgemildert. Die Sowjetische Besatzungsmacht setzte in der Oderstadt einen deutschen Bürgermeister ein. Viele Stettiner, die ihre Heimat bereits verlassen hatten, brachen die – wie es in dichterischer Umschreibung einmal ausgedrückt wurde – »Reise der Heimat abgekehrt« ab und kehrten in ihre Stadt zurück. Sie erlebten jedoch allzubald eine herbe Enttäuschung, denn bereits im Juli 1945 setzen die aus Naugard und Pyritz nachdrängenden Polen den deutschen Bürgermeister ab, erklärten die Stadt dem polnischen Territorium zugehörig und praktizierten auf ihre Weise das, was nach Artikel XIII des »Potsdamer Abkommens« mit den im Osten zurückgebliebenen – oder in diesem Fall mit den nach Stettin zurückgekehrten Deutschen zu geschehen hatte. In dem in Schloß Cecilienhof signierten Beschluß hieß es wörtlich: »Die Überführung, die stattfinden wird, soll in ordnungsgemäßer und humaner Weise erfolgen«.
Daß von Menschlichkeit bei Massenvertreibungen niemals im Ernst gesprochen werden kann – am Rande der Gegenwart nicht und auch nicht im Altertum, das ahnte schon der weise Horaz. Er hinterließ das Wort: »Es ist ein Maß in den Dingen und es gibt bestimmte Grenzen jenseits und diesseits derer das Recht nicht bestehen kann.« Horaz fügte diesen Ausspruch in seine »Satiren« ein. Für die Pommer war jedoch das, was 1945 geschah, durchaus keine Satire, sondern grimmige Wirklichkeit; eine grimmige Wirklichkeit allerdings, die sich in dem unter deutschsprachiger Landeshoheit verbliebenen Teil Pommerns auf andere, aber nicht minder bemerkenswert bedrückende Weise fortsetzte.
Es gab wohl in Vorpommern, das nach dem Ende des Krieges freilich nicht mehr von Stettin aus verwaltet wurde, sogar für kurze Zeit eigene Briefmarken, auf denen der Name »Vorpommern« neben dem Abbild bäuerlicher Motive zu lesen stand. Doch schon nach wenigen Monaten wurde der Name Vorpommern durch den eher irritierenden Begriff »West-Pommern« ersetzt, bis er schließlich bald darauf, aus politischer Rücksicht den Polen gegenüber, gänzlich ausgelöscht wurde. Die Pommern erlitten damit nach dem Kriege das gleiche Schicksal, das der Schlesier Max Herrmann-Neiße nach 1933 ertragen mußte.

»Wie haben sie mein Dasein zerstört!
Wo sind die Tage, die ich friedlich lebte,
gesichert mein Gespinst aus Worten webte
und glaubte, daß die Zukunft uns gehört?«

Vorpommern hörte verwaltungstechnisch auf zu bestehen. Es wurde zunächst – unter Verlust des Namens – der Provinz Mecklenburg zugeschlagen, bis die Bezeichnung

Provinz, die offenbar zu preußisch vom Sprachklang her wirkte, durch den vergleichsweise harmloser anmutenden Namen »Land« ersetzt wurde. Aber auch damit war es 1952 vorbei. Die Länder – nicht nur Mecklenburg, sondern auch Brandenburg, Sachsen-Anhalt, Thüringen und Sachsen, wurden aufgelöst und in andere politische, aber auch geographische Verwaltungseinheiten übergeführt, weil – wie es hieß – das »alte, noch vom kaiserlichen Deutschland stammende System der administrativen Gliederung zu einer Fessel der neuen Entwicklung geworden ist.« Das dem Namen nach schon gar nicht mehr bestehende Vorpommern wurde nun, um die Erinnerung an den alten Begriff vollends auszulöschen, in drei politisch wie geschichtlich farblose Regionalbereiche zerrissen, die zur Unterscheidung von dem bis dahin üblichen Begriff der Ländereinteilung die Bezeichnung Bezirke erhielten.
Rügen mit Stralsund, Greifswald, Wolgast und Usedom fiel an den Bezirk Rostock, dem auch große Teile Mecklenburgs angehörten. Ueckermünde wieder, Pasewalk, auch Anklam, Demmin und Altentreptow an der Tollense wurden dem Bezirk Neubrandenburg zugeschlagen, der auch wieder Teile Mecklenburgs, aber ebenso einige Kreise der Uckermark mit Prenzlau und Templin umfaßte. Der Landzipfel südlich von Stettin schließlich kam mit Gartz an der Oder an den Bezirk Frankfurt, der damit eine Verwaltungseinheit bildete, die über Chorin und das Oderbruch weite Anteile der Mark Brandenburg vereinte.
Der Name Pommerns, vor allem Vorpommerns war damit optisch ausgelöscht. Erstaunlich aber blieb dennoch die Tatsache, daß das Grenzland Pommern in Ost und West seinen Standort im Bewußtsein aller Deutschen bewahren konnte. In den historischen Darstellungen hüben und drüben blieb der Begriff erhalten. Mehr noch: Es gibt sogar Anzeichen, daß – wenn schon nicht der Begriff Pommern, aber doch die Bezeichnung Vorpommern keineswegs nur verstohlen nach den Ereignissen vom 9. November 1989 wieder auf den Landkarten aufscheinen wird. Die Pommern hüben und drüben haben diesen Begriff jedenfalls im Herzen bewahrt, ebenso wie sie sich auch das Wort ihrer Landsmännin Martha Müller-Grählert erhielten.

»Allens is verswunnen,
wat mit qält und drew,
hev nun Freden funnen –
doch de Sehnsucht blew.«

Verzeichnis der Ortsnamen

49 HIDDENSEE – Die Rügen zugewandte Ostküste der nur einen Kilometer breiten Insel erinnert flüchtig an die Steilküste bei Stubbenkammer. Nur gibt es auf Hiddensee keine Kreidefelsen, sondern nur Sand. Die Küste der langgezogenen Insel ist daher stark gefährdet, vor allem seitdem Wallenstein im Dreißigjährigen Krieg den Dornbuschwald niederbrennen ließ. Der Sand ist ohne das Wurzelwerk der Pflanzen schutzlos dem Spiel der Wellen ausgeliefert und bröckelt ab. Nicht zufällig sind deshalb – auf dem Bild deutlich zu sehen – besonders in der Gegend von Swante Buhnen ins Meer hineingebaut, um die Wucht der Wellen zu bremsen. Seit einiger Zeit wird jedoch auch versucht, den Dornbuschwald durch Neuanpflanzungen wieder zu kultivieren. Die Westküste der Insel – auf dem Bild nicht zu sehen – zeigt direkt zur Ostsee und ist durch eine Schutzmauer aus Steinen gegen das Meer abgeschirmt. Die ungewöhnlich malerische Insel bot viele Jahrhunderte hindurch pommerschen Fischern und Bauern Heimat.

50 GERHART-HAUPTMANN-HAUS. Gegen Ende des 19. Jahrhunderts wurde Hiddensee auch von Schriftstellern und Malern entdeckt. Zu den ersten, die sich auf der Insel niederließen, gehörte der Schlesier Gerhart Hauptmann. Er hat dort einige seiner großen Werke geschrieben. Unter anderem entstand dort das Drama „Gabriel Schillings Flucht", das manche biographische Züge von Hauptmanns Jugendfreund Hugo Ernst Schmidt besitzt, aber von der literarischen Anlage her unmittelbar auf Hiddensee spielt, dessen „Weltabgeschiedenheit" den Dichter tief bewegte.

51 GERHART HAUPTMANNS HAUS »SEEDORN« – INNENANSICHT – Die Zuflucht des schlesischen Dichters auf Hiddensee erinnert – allerdings recht entfernt an das Haus »Wiesenstein« am Hang des Riesengebirges. Es ist jedoch kaum größer, aber es wirkt dafür heller, lichter – vielleicht, weil es der See zugewandt ist. Der Dichter kaufte das Haus 1929 und ließ es nach seinen Plänen umgestalten. Er hat dort viele Sommer verbracht. Haus »Seedorn« dient jetzt als Gerhart-Hauptmann-Museum und erinnert mit einem reichen Ausstellungsfundus an den Schlesier.

52 GRAB GERHART HAUPTMANNS AUF HIDDENSEE. Auf dem Friedhof von Kloster, im nördlichen Winkel der Insel ist der Dichter der »Weber« beigesetzt. Gerhart Hauptmann starb Ende Juli 1946 mit den Worten »bin ich noch in meinem Haus« in seiner schlesischen Heimat. Er wurde dann, begleitet von seiner Frau, quer durch das geschlagene Deutschland zunächst nach Stralsund überführt. Dort fand im Rathaus eine schlichte Trauerfeier statt. Danach brachte man Hauptmann nach Hiddensee, wo ihn Inselfischer bei Sonnenaufgang auf dem Friedhof in Kloster zu Grabe trugen. Er war zurück- oder heimgekehrt in den Teil Deutschlands, dessen »furchtbarer Ernst der unberührten Natur« ihn vor vielen Jahren schon bewegt und erschüttert hatte. Kloster auf Hiddensee war tatsächlich einmal eine Mönchssiedlung gewesen, gegründet im ausklingenden 13. Jahrhundert durch dänische Zisterzienser. Das Kloster verfiel später vollends. An die Anlage erinnert heute nur noch ein einzelner Torbogen.

53 HIDDENSEE – »HAUS AM MEER« – In dieser Villa verbrachte Thomas Mann den Sommer des Jahres 1924. Zur gleichen Zeit lebte übrigens auch Gerhart Hauptmann auf dem Ostsee-Eiland. Thomas Mann begegnete im »Haus am Meer« Albert Einstein. Beide haben sich dort in einer Zeit, in der die Lose der Deutschen Geschichte noch nicht gezogen waren, um das Schicksal ihres bedrängten Heimatlandes vielfältige Gedanken gemacht. Das Haus wird gegenwärtig als Vogelwarte genutzt. Eine eigens angebrachte Gedenktafel erinnert an Thomas Mann und Albert Einstein.

54 FISCHERBOOTE VOR KLOSTER AUF HIDDENSEE. Die Fischerei war eines der Standbeine der gesunden Wirtschaft Pommerns. Sie brachte Bewegung in den Handel weit über die Grenzen des Landes hinaus, dessen Menschen unter der blau-weißen Fahne lebten. Die Fischer hattes es freilich nicht immer leicht. Der Seehund – Saalhund, wie man an der Ostsee sagte, fraß häufig die Netze an und verspeiste den Fang. Das führte – gelegentlich – schon zur Armut, die auch in Philipp Otto Runges Geschichte vom »Fischer un syner Fru« nicht zufällig anklingt.

55 HIDDENSEE – SCHILFBÜNDELUNG. Die Dächer mancher Häuser auf dem »söten Länneken« werden unter anderem in Neuendorf – wie auf dem Bild zu sehen – noch heute mit Schilf gedeckt. Das ist billig, weil die Natur Fischern und Bauern das Schilf freigebig schenkt. Die strohähnlichen großen, kräftigen und langen Halme werden zunächst wie Korngarben gebunden und dann zum Trocknen aufgestellt. Schließlich bringt man sie in eine Scheuer, um sie dort zu bewahren, bis sie gebraucht werden.

56 WAASE AUF RÜGEN – SCHNITZALTAR. Die auf der Insel Ummanz stehende Kirche besitzt als Kunstwerk von Rang einen in Antwerpen entstandenen Altar, der – für England bestimmt, auf abenteuerlichen Umwegen über Stralsund in das fast weltvergessene Waase gelangt. Die Flügel des Altars, vor allem aber der überhöhte Mittelschrein zeigen Szenen aus dem Leben Jesu und andere biblische Überlieferungen. Die Kirche besitzt auch eine – im Bild nicht sichtbare – Kanzel aus dem späten 16. Jahrhundert, deren Korb durch szenische Reliefs geschmückt ist.

57 SCHAPRODE – KANZEL DER PFARRKIRCHE ST. JOHANNES. Im äußersten Westen Rügens steht diese schlichte gotische Dorfkirche, die jedoch mit ihrer reichen Ausstattung zu den künstlerischen Besonderheiten des Landes zählt. In ihrem noch romanisch geprägten Chor erhebt sich der barocke Altar des Stralsunder Meisters Thomas Phalert. Davor steht die aus der gleichen Zeit stammende Taufe und darüber wieder befindet sich – links oben im Bild zum Teil erkennbar – eine um 1500 entstandene Triumphkreuzgruppe, die ein wenig an den Meister des Triumphkreuzes im Halberstädter Dom erinnert. Vor dem Chor schließlich ragt, mit reichem Schnitzwerk versehen, die Kanzel des Stralsunder Meisters Hans Broders auf, der auch den Tauftisch schuf. Die Kanzel – im Bild voll sichtbar – ist sein wohl berühmtestes Werk, geschmückt mit Gehänge, Laub und Engelsköpfen, die wie eine künstlerische Parallele zu dem bereits im 13. Jahrhundert erschaffenen Chor wirken, den der Meister des Mittelalters mit ausgeprägten bärtigen Köpfen gesäumt hat.

58 WIECK, KREIDEVERLADEBRÜCKE IM HAFEN – Die auf Rügen gewonnene Kreide galt lange Zeit als ertragreiches Exportgut der pommerschen Industrie. Die Kreide gelangte meist auf dem Schiffswege zu den in- und ausländischen Abnehmern. In Wieck wurde, um diesen Transport auch technisch zu erleichtern, dafür eigens noch 1914 eine spezielle Kreideverladebrücke erbaut und fertiggestellt. Diese Brücke wurde jedoch nie in Betrieb genommen. Sie blieb aber über die Spanne beider Weltkriege hinweg erhalten und gilt als technisches Denkmal.

59 ARKONA – WALL VOR DER JAROMARSBURG UND SCHWEDENTURM – An der Nordspitze Rügens befand sich hinter einem 260 m langen und meist 10 m hohen Erdwall die Jaromarsburg, eines der bedeutendsten Heiligtümer der heidnischen Wenden. Im 12. Jahrhundert zerstörte der Dänenkönig Waldemar I. die Burg und verbrannte das Standbild des Swantewit. Vor dem Erdwall, dem letzten Rest des untergegangenen Heiligtums, steht der Schwedenturm und erinnert an die Zeit, in der Pommern – unter den drei Kronen – von den Skandinaviern beherrscht wurde.

60 ALTENKIRCHEN – CHOR DER DORFKIRCHE – Altenkirchen, wenige Kilometer südlich von Arkona, galt früher als heidnische Grablege. An der Außenwand der Dorfkirche – im Bild nicht sichtbar – ist als Zeugnis dafür ein vor 1168 entstandener Grabstein für den Fürsten Tezlaw zu sehen. Die Kirche selbst besitzt eine reiche Ausstattung. Dazu zählt auch ein bemerkenswertes Triumphkreuz. In diesem Altenkirchen war an der Wende vom 18. zum 19. Jahrhundert Gotthard Ludwig Kosegarten Pfarrherr. Er gehörte zum Freundeskreis Goethes und empfing in seinem Pfarrhaus auf der Halbinsel Wittow manchen berühmten Besucher wie Wilhelm von Humboldt und den streitbaren Friedrich Schleiermacher, der dort das hintersinnige Wort geprägt haben soll: »Eifersucht ist eine Leidenschaft, die mit Eifer sucht, was Leiden schafft.« Der Sohn des Altenkirchener Pastors, Johann Gottfried Ludwig Kosegarten, war – wie sein Vater – ein schreibfreudiger und geschichtskundiger Mann. Er gab 1834 unter anderem ein Werk über Geschichtsdenkmäler Pommerns heraus.

61 KAP ARKONA – LEUCHTTURM – Knapp fünfzig Meter ragt die aus Kreide bestehende Steilküste am nördlichsten Winkel Rügens auf, bekrönt von einem fast dreißig Meter hohen Leuchtturm, der den Schiffern und Fischern, die diese vielbefahrene Route kreuzen, nachts oder auch im Nebel Orientierung gibt. Der erste Entwurf dieses Leuchtturms stammt von Karl Friedrich Schinkel. Lange hernach schrieb Gerhart Hauptmann eigenhändig in das dort ausliegende Fremdenbuch seinen Vers von der »meerumschlungenen und märchendurchklungenen« Küste.

62 »ARCONA« VON CASPAR DAVID FRIEDRICH – Der in Greifswald geborene und nach Dresden verschlagene Caspar David Friedrich hat das unverwechselbare Bild seiner pommerschen Heimat stets im Herzen bewahrt. Das machen seine Werke deutlich, mit denen er wieder und wieder die in Greifswald, in Eldena und auch die auf Rügen aufscheinende Romantik Pommerns auf die Leinwand bannte. Sein Gemälde, in dem er die Schönheit von »Arcona« festhielt, gehört nicht allein zu den eindringlichsten Werken Friedrichs, sondern der Romantik überhaupt.

63 STEILKÜSTE BEI KAP ARKONA – Der hochragende Kreidefels wirkt beinahe wie eine Fata Morgana oder wie eine nach Norddeutschland verwehte Ahnung von der Loreley. Nur ist in Pommern alles ernster, wohl »märchendurchklungen«, aber doch durch einen Hauch Melancholie verschattet. Das Weiß der Kreide hebt sich vor dem graublauen Dunkel der See grell ab und zieht den Blick hoch, fast fünfzig Meter hoch zu dem oben auf dem Fels – im Bild nicht sichtbar – wie ein Fanal thronenden Leuchtturm. Das ist anders, strenger und herber als am Rhein, unbesungener als die Loreley. Nördlich von Kap Arkona tobt die gar nicht immer liebenswert ruhige Ostsee, türmen sich die Wellen, legt der Nebel ein undurchdringliches Band um Küste und Fels. Das ist die Stunde, in der dann – hoch droben vom Felsen – das schaurig oder beinahe dämonisch klingende, wie eine Klage anmutende Nebelhorn den Küstenstreif durchdröhnt. Das ist dann auch die Stunde, wie es in einem Gedicht heißt, »in der der Nebel weht um Riff und Rammung, Nacht und Tod«.

64 STUBENKAMMER – Nur wenige Kilometer nördlich vom Fährhafen Saßnitz drängt sich am äußersten Rand der Halbinsel Jasmund der 122 m hohe Felsen von Stubbenkammer wie eine Klippe in die Ostsee hinein. Bekrönt von hochstämmigen Buchen gehört dieser Teil Rügens zu den großen Sehenswürdigkeiten der Insel. Bezwingend sind vor allem die Gegensätzlichkeiten des Farbspiels, die hier eher gemälde-gleich und kaum wie ein lebendes Stück Natur aufscheinen. Tiefgrün das Laub der Buchen, grau schimmernd die Stämme, hellweiß der Kreidefels, tief drunten ocker der Sand und dazu die wechselnde Farbpalette der spielenden Wogen der See. Künstler wie Caspar David Friedrich haben, überwältigt von dieser Schönheit, den Felsen von Stubbenkammer immer wieder zum Motiv erwählt. In das Spiel der Farben komponierten sie ab und an als besondere Nuance noch das silbrige Licht des Mondes hinein. Wenn sich das Bild der Romantik in der Heimat der nach ihrer Mentalität eigentlich unromantischen Pommern an einem Ort Herz und Auge offenbart, dann ist das beim Felsen von Stubbenkammer.

65 KÖNIGSSTUHL BEI STUBBENKAMMER – Der Felsen von Stubbenkammer ist ein Abbild der Romantik. Der dicht daneben aufragende Königsstuhl jedoch ist auch der Gegenwart und der Geschichte verbunden. Tags und mehr noch nachts, wenn das Mondlicht um den kahlen Felsen spielt und sein weißes Kreidegewand geradezu zum Leuchten bringt, zieht er die Blicke der Menschen an, die in Ausflugsdampfern, aber auch an Bord größerer Schiffe diesen Winkel Rügens passieren. Am Fuß des Königsstuhls – im Bild nicht zu erkennen – gibt es auch eine Dampferanlegestelle, von der ein kurzer Weg zu einem Gasthaus führt, dessen Vorläufer schon im frühen 19. Jahrhundert gegründet wurde. Der Königsstuhl ist aber auch von Legenden belebt. Klaus Störtebeker, streitbarer Seeräuber und Rebell gegen eine Obrigkeit, der er sich nicht unterzuordnen vermochte, soll beim Königsstuhl Unterschlupf und Zuflucht gefunden haben; Unterschlupf für die Beute, die er in Stadt und Land, vor allem aber auf See an sich riß und Zuflucht, wenn er in Not war.

66 SASSNITZ – EISENBAHNFÄHRE – Vor über achtzig Jahren, nämlich 1909, wurde die Eisenbahnfährverbindung von Saßnitz nach Skandinavien eröffnet. Bereits im ausklingenden 19. Jahrhundert erhielt die Stadt von Stralsund her Eisenbahnanschluß und wenige Jahre vor Ausbruch des Ersten Weltkrieges rollten die ersten Waggons auf eine Fähre, die zunächst nur die Route zum schwedischen Trelleborg bediente. Inzwischen gibt es auch weitere bemerkenswerte Fährverbindungen, unter anderem eine, die nach Memel führt. Die über 1500 m lange ins Meer hineingebaute Ostmole, die schon kurz vor der Jahrhundertwende entstand, gibt den Blick frei zu der langen Autobrücke, auf der Kraftfahrzeuge aus den verschiedensten Ländern auf die Fähren rollen oder von dort entladen werden. Der Fährhafen besitzt auch eine geschichtliche Besonderheit. Im April 1917 rollte ein aus der Schweiz kommender plombierter Eisenbahnwagen auf die Fähre. In diesem Eisenbahnwagen gelangte Lenin mit Duldung der Deutschen Reichsregierung nach Rußland.

67 SASSNITZ – HAFEN – Saßnitz war, als der Prinz von Homburg die Schweden bei Fehrbellin schlug, ein Fischerdorf, in dem ganze zwölf Katen standen. Später, in den Tagen Theodor Fontanes, entwickelte sich der Ort zu einem Seebad. Als dann im Jahr von Bismarcks Entlassung die Deutsche Kaiserin Rügen besucht, wurde Saßnitz beinahe zum Weltbad. Doch es wurde bald noch mehr: Fährhafen, Mittelpunkt des Kreidehandels und Sitz vieler fischverarbeitender Betriebe. Diese Entwicklung machte die ständige Vergrößerung des Seehafens von Saßnitz notwendig.

68 SASSNITZ – KREIDEABBAU – Die Gewinnung von Kreide geschieht in Saßnitz im Tagebau. Auf nahezu vollmechanische Weise wird das Gestein gebrochen und mit Hilfe von Laufbändern transportiert und sortiert. Das Verfahren ähnelt der ebenfalls im Tagebau vorgenommenen Gewinnung von Bernstein im ostpreußischen Palmnicken. Nur ist der Abbau von Kreide in Saßnitz viel problemloser. Das Kreidewerk auf Rügen, in dem das abgebaute Material weitgehend zu Schlämmkreide verarbeitet wird, gilt als das größte seiner Art in ganz Nordeuropa.

69 LIETZOW AM JASMUNDER BODDEN – Der kleine, am Ufer des tief nach Rügen hineinragenden Meeresarmes gelegene Ort gilt als Geheimtip für Badegäste. Dazu besitzt Lietzow noch zwei bedeutsame kulturhistorische Akzente. Nahe beim Dorf wurden jungsteinzeitliche Funde entdeckt, die der sogenannten »Lietzow-Kultur« zugeordnet wurden. Außerdem besitzt Lietzow eine Kopie von Schloß Lichtenstein bei Reutlingen, die nach dem Erscheinen des Romans »Lichtenstein« als Huldigung für Wilhelm Hauff in diesem Winkel Pommerns erbaut wurde.

70 ERNST MORITZ ARNDT-TURM AUF DEM RUGARD – In der Nähe von Bergen, der Inselhauptstadt Rügens, erhebt sich mit der für norddeutsche Begriffe stolzen Höhe von 91 m der Rugard, eine Stauchmoräne, wie die Erdgeschichtler sagen. Auf dem Rugard befand sich vor der Christianisierung Pommerns eine wendische Fürstenresidenz. Später entstand dort ein Kloster der Benediktinerinnen als Lehen des Fürsten Witzlaw III. Es besaß jedoch keine Lebensdauer und ging schon nach dreißig Jahren ein. Nach der Überlieferung sollen die Nonnen ihre Kapelle eigenhändig abgebrochen haben. Sehr viel später, nämlich nach der Gründung des Zweiten Deutschen Reiches, wuchs auf der Kuppe ein knapp 30 m hoher Turm empor, der bis heute dem Gedächtnis des in Groß Schoritz auf Rügen geborenen Ernst Moritz Arndt gewidmet ist. Arndt gilt vor der Geschichte nicht allein als bedeutender Sohn Pommerns und als Deutscher, der sich vor allem in der Zeit der Not zu seinem Land bekannte. Er besaß auch eine ausgesprochen innige Beziehung zu seiner pommerschen Heimat.

71 BERGEN – PFARRKIRCHE St. MARIEN – Bergen gehört zu den ältesten Ortschaften Rügens. Es galt schon im 12. Jahrhundert im ganzen Ostseeraum als guter Handelsplatz. Es besaß auch eine Burg der Fürsten von Rügen, die dänische Benediktinerinnen mit der Gründung eines Klosters betrauten. Das Stadtrecht jedoch erhielt Bergen erst kurz vor Ausbruch des Dreißigjährigen Krieges. Von der fürstlichen Residenz hat sich überhaupt nichts, vom Kloster nur ein Teil des Refektoriums erhalten. Bewahrt jedoch blieb die Klosterkirche, die in der Kunstgeschichte als erster Steinbau auf Rügen und als älteste Kirche Pommerns überhaupt betrachtet wird. Diese Pfarrkirche St. Marien besitzt eine ungewöhnlich reiche Ausstattung. Dazu gehört ein – im Bild nicht erkennbarer – Wandgemälde-Zyklus mit Szenen aus dem Alten und dem Neuen Testament. Zu den Besonderheiten zählt aber neben dem im Hintergrund sichtbaren Altar, dessen Aufsatz um das Jahr 1730 entstand, auch der Grabstein einer Äbtissin, die im 15. Jahrhundert im Kloster Bergen amtierte.

72 SEEBAD BINZ – KÜSTENSCHLUCHT – Das an den Südrand des Prorer Wieks gedrängte Binz wird häufig als größter Badeort Rügens bezeichnet. Das Seebad besteht seit 1876 und wurde von den Fürsten Putbus, denen Binz seit dem frühen 14. Jahrhundert gehörte, beständig ausgebaut. Kurz nach der Jahrhundertwende erhielt der Ort eine erste Seebrücke und wenige Jahre darauf eine zweite, die in ihrer Schönheit und Länge an die Seebrücke von Zoppot erinnert. An dieser zweiten Binzer Seebrücke konnten auch größere Dampfer anlegen. Damit war der Badeort an die Route der pommerschen Seebäderschiffe angeschlossen, die von der Stettiner Hakenterrasse aus über Swinemünde die ganze Küste Rügens anliefen. Binz aber blieb und ist nicht allein ein gepflegter Badeort. Es besitzt mit seiner malerischen Umgebung auch manchen anderen Reiz. Zur Umgebung gehören ausgedehnte Laubwälder, kleine Anhöhen, aus denen sich schluchtähnliche Vertiefungen zur See öffnen und verschlungene Wege, die zu dem von Karl Friedrich Schinkel entworfenen Jagdschloß Granitz führen.

73 BINZ – PARTIE IN DER PARKLANDSCHAFT – Der Fürst Putbus hat – wie es einmal ausgedrückt wurde – »das rügensche Ufer wie eine Vedoute von Claude Lorrain behandelt.« Vom Küstenstreifen bei Binz aus verwandelte er die Landschaft, die sich westlich der Halbinsel Mönchgut bis zum Jagdschloß Granitz hinzieht, in ein parkähnliches Revier, das eine lose Seelenverwandtschaft mit Schöpfungen des Fürsten Hermann Pückler in Muskau und Branitz oder auch im Brandenburgischen Neuhardenberg erkennen läßt. Der Fürst hatte jedoch die Gewalten der Natur bei diesem Werk nicht mit einkalkuliert. Die Waldungen südlich von Binz, auf der leichten Anhöhe und an den nach Granitz führenden Wegen gediehen prächtig. Die Bäume aber, die in Küstennähe ihre Wipfel in den Himmel Rügens reckten, blieben dem Sturm und den von der See herkommenden Böen schutzlos ausgeliefert. So kommt es, daß auch im Umland von Binz gelegentlich – wie auf dem Darß – urweltliche Bilder von Bäumen aufscheinen, deren Kronen in der Luft hängen und deren Wurzeln das Erdreich suchen.

74 BINZ – BADESTRAND – Ähnlich wie eine geschwungene Mondsichel dehnt sich die sanft ins Meer abfallende Sandküste von Binz. Die versetzbaren und mit einem Sonnensegel versehenen Strandkörbe, die an der ganzen deutschen Ostseeküste – und auch an der Nordsee – zu finden sind, bieten ein farbfrohes Bild. Gesäumt ist die Badeküste – und deshalb gilt Binz auch nicht zufällig seit Jahrzehnten als idealer Ferienort – von einem den Wind abhaltenden Waldsaum, vor dessen grünem Flor das Kurhaus und die Hotels malerisch gruppiert sind.

75 SELLIN – SEEBRÜCKE – Das ein wenig östlich von Binz gelegene Sellin gelangte im späten 15. Jahrhundert an das Kloster Eldena bei Greifswald, erhielt jedoch bald seine Unabhängigkeit, weil das Kloster säkularisiert wurde. Sellin entwickelte sich darauf zum Fischerdorf, erlebte aber kurz vor der letzten Jahrhundertwende eine neuerliche Verwandlung: Es wurde zum Seebad. Die auf dem Bild sichtbare Seebrücke mit dem darauf für die Orte der Ostseeküste typischen aus Holz gefügten Restaurant und Pavillon wurde nach 1945 abgerissen.

76 JAGDSCHLOSS GRANITZ – DAMENZIMMER – Das kurz nach Goethes Tod durch den Fürsten Wilhelm Malte I. auf Putbus erbaute Jagdschloß liegt in einem ausgedehnten Waldrevier. Das Schloß besaß eine ungewöhnlich reiche Ausstattung. Eine Ahnung davon vermittelt das im Bild gezeigte »Damenzimmer«. Daneben aber gab es im oberen Geschoß einen aufwendig eingerichteten Festsaal und im Erdgeschoß Räume mit gekachelten Wänden – eine Art der Möblierung, die ein wenig an das Interieur des Schlößchens Caputh am Schwielowsee erinnert.

77 JAGDSCHLOSS GRANITZ – Udo von Alvensleben nannte Granitz einmal ein »Zauberschloß über dem Meere, das Friedrich Wilhelm IV. und Schinkel zusammen erträumt hatten.« Die vierflügelige neugotische Anlage wird von einem fast vierzig Meter hohen Rundturm überragt. Zu seiner zinnenbekrönten Aussichtsplattform führt – dem Stil der Zeit entsprechend – eine ornamentgeschmückte gußeiserne Wendeltreppe. Der Turm entstand 1844 nach einem Plan, den der wenige Jahre zuvor verstorbene Karl Friedrich Schinkel hinterlassen hatte.

78 FISCHERPAAR IN MÖNCHGUTER TRACHT – Die Mönchguter Tracht wird heute kaum noch getragen. Sie ist verschwunden und wird – ähnlich wie die Tracht der Spreewälder, nur noch an Festtagen angelegt. Die Männer trugen weiße, weit geschnittene Leinenhosen, darüber eine kurze Jacke, sowie eine gestreifte Weste und dazu einen bestickten Latz. Die Frauen wieder besaßen einen knöchellangen schwarzen Rock mit hellblauem Saum. Außerdem trugen sie ein schwarzes Mieder mit einem verzierten Brustlatz und dazu eine kegelförmige Haube.

79 DORFKIRCHE IN MIDDELHAGEN AUF MÖNCHGUT – Die Halbinsel Mönchgut fiel in der Sterbestunde des Stauferreiches an das Kloster Eldena. Dieser Winkel Rügens wurde damit wortwörtlich zum Gut der Mönche. Als Hauptort galt damals das von Großhagen und Lütthagen benachbarte Middelhagen. Dort wuchs, gefügt aus Backstein und später mit einem hölzernen Turm versehen, die Dorfkirche empor. Sie besitzt als besonderen Schatz einen im späten 15. Jahrhundert entstandenen Flügelaltar, der Szenen aus dem Leben und Martyrium der hl. Katharina zeigt.

80 HERTHASEE AUF RÜGEN – Zum Gesicht des »Landes der dunklen Haine«, wie Ernst Moritz Arndt sein Rügen nannte, gehörte als Zeichen unverwechselbarer Eigenart der Herthasee. Er trat, um ein Wort Theodor Fontanes umzukehren, »schon ins Dasein, bevor der Christengott an die Tore pochte.« Der Herthasee war in der Zeit, in der dem Kreuz auf der größten Insel Deutschlands noch keine Stätte bereitet war, der heidnischen Göttin Hertha geweiht. Bis heute kreisen Sagen und Legenden und auch Geschichten um den Schimmelreiter am Herthasee.

81 FISCHER BEIM NETZETEEVEN – Der Fischfang bot und bietet bis heute unzähligen Pommern Leben und Brot. Nach einem Bericht zogen vor Ausbruch des Zweiten Weltkrieges mehr als siebentausend Fischer auf über fünftausend Schiffen und Booten verschiedenster Art und Größe in die Fanggründe zwischen dem Darß, der Pommerschen Bucht und der Stolpebank. Doch ein guter Fang setzt die Pflege der Netze – das Netzeteeven, wie man in Pommern sagt – voraus. auf dem Bild ist ein Fischer von der Halbinsel Mönchgut bei dieser Arbeit zu sehen.

82 SCHLOSS PUTBUS AUF RÜGEN – Die Fürsten Putbus besaßen in Pommern einen ähnlichen Rang wie die Pleß in Schlesien oder die Dohnas in Ostpreußen. Sie galten als ungekrönte Könige Rügens. Ihr Schloß in Putbus war der Mittelpunkt einer aufwendig angelegten Residenz, zu der unter anderem auch ein Theater und verschiedene Bauten im Park gehörten. Die ganze Putbusser Architektur trägt die Handschrift Schinkels, stammt jedoch von Meistern seines Umkreises wie Stüler und Steinmeyer. Das auf dem Bild zu sehende Schloß wurde nach 1945 abgetragen.

83 PUTBUS – »ZIRKUS« – Der Ort Putbus wurde erst 1960 zur Stadt erhoben. Die Fürsten Putbus müssen jedoch – ähnlich wie die Landesherren in Karlsruhe – ausgeprägte städtebauliche Vorstellungen besessen haben. So gibt es in Putbus einen mit dem Namen »Zirkus« bedachten Bezirk, der in Wahrheit einem riesigen Rondell gleicht, das genau abgezirkelt, von zwei- und dreigeschossigen Häusern gesäumt ist, die alle im einheitlichen Stile aufgeführt sind. Dort findet sich die Alleestraße, der Markt, der Marstall, die Kirche und eine Reihe von Bürgerhäusern.

84 LAUTERBACH AUF RÜGEN – FRIEDRICH-WILHELM-BAD – Von Putbus führte eine Lindenallee hinab nach Lauterbach. Dort ragt, beschirmt von dichtem Buchenwald, eine langgestreckte Säulenkolonnade auf. Sie wurde in der späten Goethe-Zeit im Schinkel-Stil von Fürsten Wilhelm Malte von Putbus erbaut. Der Fürst gilt auch als Gründer der als erstes Seebad Rügens gefeierten Anlage, die den Namen »Friedrich-Wilhelm-Bad« erhielt. Dort gab es, gegliedert um einen Innenhof, viele Attraktionen wie Salons, Zimmer für Logiergäste und ein Warmbad.

85 GARZ AUF RÜGEN – RESTE DER BURG – Das im Süden der Insel gelegene Städtchen besitzt eine farbige Vergangenheit. In der im Bild nicht sichtbaren Petri-Kirche wurde der im benachbarten Groß Schoritz geborene Ernst Moritz Arndt getauft. Die Geschichte von Garz reicht jedoch viel weiter zurück. Im 12. Jahrhundert gab es dort eine Schlacht zwischen Dänen und Wenden. Später – anno 1234 – wurde in Garz die Gründungsurkunde von Stralsund besiegelt. Heute ist von diesen Erinnerungen bis auf karge Reste der Burg kaum noch etwas erhalten.

86 GROSS SCHORITZ – GEBURTSHAUS VON ERNST MORITZ ARNDT – In diesem im 18. Jahrhundert erbauten Hause wurde Ernst Moritz Arndt 1769 als Sohn eines freigelassenen Leibeigenen geboren. Nach einer Veröffentlichung Arndts wurde die Leibeigenschaft generell aufgehoben.

87 RÜGENDAMM – Rügen war bis 1936 nur durch eine Fähre zu erreichen. Dann wurde als Verkehrsverbindung für Eisenbahn und Autos ein Damm erbaut. Auf der Höhe der Insel Dänholm gibt es eine Klappbrücke, die – wenn sie hochgezogen ist – Schiffen das Passieren erlaubt.

88 STRALSUND – GESAMTANSICHT GEGEN WESTEN – Stralsund, das geschichtliche Herz Vorpommerns, ist eine Insel, eine »Meerstadt«, wie Ricarda Huch philosophierte »vom Meere erzeugt, dem Meere ähnlich«. Die Türme der Kirchen ragen nach dem Eindruck der Dichterin in der von Wassern umfangenen Stadt wie Masten auf, »weit sichtbar in der Wildnis des Meeres«. Diese insulare Lage hat Stralsund manchen Vorteil beschert. Die Stadt war kaum zu erobern. Sie blieb – auch für Wallenstein – »mit Ketten an den Himmel geschmiedet«.

89 STRALSUND – BLICK ÜBER DIE STADT ZUR SEE – »Danzig und Lübeck«, heißt es in einer Chronik, »sind reicher in ihrer vielgestaltigen Silhouette, aber keine spiegelt sich wie Stralsund in der offenen See.« Das Bild macht es deutlich: Vom hochragenden Turmpaar von Nikolai, deren einer eine Barockhaube trägt, fällt der Blick weit aufs Meer. Davor recken sich, wie eine steinerne Wehr, die spitzen Hauben vom Schaugiebel des Rathauses empor; und dazwischen liegt, von Häusern und Straßenschluchten verborgen, der Alte Markt.

Welche Stadt Deutschlands besitzt diese Schönheit, diese unvergleichliche Lage, diesen Reiz, hinter dem sich doch Abwehr und Stolz verbergen; Abwehr den Feinden gegenüber, die diese Stadt bedrängten, aber nicht gewannen und Stolz gegenüber der eigenen Vergangenheit. Da ist die Periode der Hanse, die Zeit, in der Stralsund ein unverzichtbares Glied in der Kette eines europaumspannenden Handelsimperiums war und da sind die Häuser des Bürgertums, das diesen weltoffenen Geist bewahrte.

90 STRALSUND – STADTSEITE DES KÜTERTORES – Stralsund war eine wehrhafte Stadt, die sich mit Mauern zu umgürten und zu schützen verstand. Ein erstaunlicher Teil dieser Befestigungen blieb mit Wallanlagen, Wiekhäusern und Toren erhalten. Dazu zählt auch das um die Mitte des 15. Jahrhunderts entstandene Kütertor. Auf dem Bild ist es mit Durchgang, Fensterfront, Turm und Haube von der Stadtseite her zu sehen. Dahinter – jenseits der Stadtseite – öffnet sich der Knieper Wall und der ausladende Knieper Teich. Neben diesem vergleichsweise schlichten Tor besitzt Stralsund noch das mit einem glasierten Fries verzierte Knieper Tor. Das im späten 16. Jahrhundert erbaute und von einem Renaissance-Giebel geschmückte Semlower Tor wurde 1960 abgebrochen. In seiner von rauhen Perioden geprägten Geschichte wäre Stralsund ohne diese Befestigungen, ohne Mauern und Tortürme oft genug verloren gewesen. Es hätte den Stürmen der Fürsten von Rügen und des Königs von Dänemark und manchen anderen Anfechtungen nicht widerstanden.

91 STRALSUND – SCHAUGIEBEL DES RATHAUSES – Zum schönsten Schmuck der Stadt am Strelasund gehört das Rathaus mit seinem hochragenden Rosettengiebel. Dieses Motiv gibt es in vielen Städten des Nordens und Ostens – in Lübeck und in Tangermünde, in , Frankfurt an der Oder und im neumärkischen Königsberg. Das in der zweiten Hälfte des 13. Jahrhunderts begonnene Stralsunder Rathaus ist, ähnlich wie der Frankfurter Römer, aus mehreren Häusern zusammengewachsen, jedoch nicht aus dreien, wie in der Stadt am Main, sondern nur aus zwei verschiedenen Trakten. Unmittelbar hinter dem Rathaus ragt, gleichermaßen aus Backstein gefügt, die im 14. Jahrhundert ursprünglich als Hallenkirche begonnene Basilika von Nikolai auf, die häufig als Pantheon Stralsunds bezeichnet wird, »angefüllt mit Fahnen, Epitaphien, Schiffsmodellen, mit Bronzen und Grabplatten.« In dieser Kirche befindet sich auch eine von Andreas Schlüter entworfene Kanzel. Daneben werden die Reste des in die Geschichte Pommerns eingegangenen Rußlandfahrergestühls aus dem 14. Jahrhundert bewahrt.

92 STRALSUND – RATHAUS-DURCHGANG – Der erste Eindruck weckt Erinnerungen an Florenz, an die Uffzien, an Händler, die in Nischen unter einem säulenbekrönten Obergeschoß ihre Waren feilbieten. Doch der Eindruck täuscht. Die Stralsunder bekannten sich – wohl aus Trotz – in ihrer Stadt zur monumentalen Baukunst. Der Rathausdurchgang dient nicht dem Handel, nicht den Äußerlichkeiten südlicher Temperamente. Der Durchgang ist Repräsentation, die Kehrseite der zur Leidenschaft entwickelten Wehrhaftigkeit. Dabei steckt auch diese Kehrseite voller Reize. Der Stil des Rathauses weist Stimmungen ja nicht ab. Da gibt es den barocken Löwenschen Saal. Da findet sich bei den Verwaltungsräumen unerwartet eine Renaissancetreppe von anno 1579. Die Barockgalerie im Innenhof bildet nur den Auftakt. Das ganze Rathaus, mit Türmchen und Schaugiebel ist am Ende nichts anderes als ein Sinnbild für die zu Stein gewordene Musik der Architektur, in die manche Akkorde der verschiedenen Stilepochen hineinklingen von der Hochgotik über die Renaissance bis zum Barock.

93 STRALSUND – GOTISCHER TREPPENGIEBEL in der SEMLOWER STRASSE – Häuser dieser Art finden sich längs der Ostseeküste, überall dort, wo die Gotik ihre, wie Paul Fechter es ausdrückte, »von westlichen Einwirkungen fast ganz gelöste heroische Phase« zeigte. Der aus Elbing stammende Westpreuße schrieb: »Die eigentliche deutsche Gotik ist die Ostseegotik von Lübeck bis Riga, von Wismar bis Wilna, wo die Backsteinwelt der Ordenszeit, zierlich und spielerisch geworden, in dem kleinen St. Annenkirchlein ausklingt.« Fechter spielt dabei auf den Schaugiebel des Stralsunder Rathauses an, der auch verspielt anmutende Akzente besitzt wie kleeblattgeschmückte Bögen und aus dem Ziegel gehauene Krabben. Auch das auf den ersten Blick eher herb wirkende Haus in der Semlower Straße zeigt verspielte Akzente. Eine Andeutung davon läßt sich in den Rundungen zwischen den einzelnen Fensterpartien erahnen. Aber erst die Fenster mit den filigranzarten Bekrönungen zeigen, welche Meisterschaft die Menschen des Mittelalters in der Beherrschung des spröden Ziegels besaßen.

94 STRALSUND – DENKMAL FÜR FERDINAND VON SCHILL – In der Pasewalker Grünstraße steht bis heute ein zweigeschossiges, von einem Satteldach bedecktes Fachwerkhaus. Dort lebte von 1795 bis 1806 Ferdinand von Schill als Angehöriger der preußischen Garnison. Schill war Offizier und Deutscher aus Leidenschaft. Als Napoleon die Preußen bei Jena und Auerstedt schlug, war seine Stunde gekommen. Er sammelte drei Jahre hindurch eine Schar Gleichgesinnter um sich, bis er im Mai 1809 den meist jungen Menschen, die ihm auch aus Berlin nachgezogen waren, in Arneburg an der Elbe sein von einem Psalmistenwort hergeleitetes Freiheitssignal zurief: »Lieber ein Ende mit Schrecken als ein Schrecken ohne Ende!« Im altmärkischen Zichtau, nicht weit von Bismarcks Schönhausen entfernt, sammelten sich dann die Anhänger Schills, um das vorzubereiten, was unter dem Begriff Freiheitskriege in die Geschichte einging. Von Zichtau zog die vom Freiheitswillen beseelte Schar nach Pommern. Dort, in Stralsund, fand Schill dann den Soldatentod.

95 STRALSUND – SCHILLSTRASSE – 1806, in dem Jahr, in dem Napoleon das Herz Deutschlands besetzte, hob König Gustav IV. Adolf von Schweden die schwedisch-pommersche Verfassung auf. Bewegt erklärte der Monarch in Greifswald: »Möchte ich dereinst den Tag erleben, wo ich Deutschland als mein zweites Vaterland zu dem Ansehen wieder hergestellt erblicke, wozu dessen achtungswürdige Nation und der Ruhm von Jahrhunderten ihm ein unleugbares Recht geben.« 1806 schien diese Stunde fern. Sie schien noch ferner, als im Jahr darauf Regimenter Napoleons Stralsund besetzten und schon bald die Festungswerke schleifen ließen. Ein Hoffnungsschimmer deutete sich an, als Schills Freischar im Mai 1809 in die Ostseestadt eindrang. Doch die Freiheit der »achtungswürdigen Nation« währte nicht lange am Strelasund. Es kam zu erbitterten Kämpfen, bei denen Schill in der später nach ihm benannten Fährstraße fiel. An der Stelle, wo er sein Leben verlor, wurde später in den Gehsteig eine Platte zu seinem Gedenken eingelassen.

96 STRALSUND – JAKOBIKIRCHE – Neben Nikolai, dem »Pantheon« Stralsunds, besitzt die Ostseestadt nach der Pfarrkirche St. Marien mit der Jakobikirche ein drittes geschichtlich und auch künstlerisch bedeutendes Gotteshaus. Als Backsteinbau, ebenso wie die beiden anderen Kirchen, gegründet, aber zunächst im Stil einer Hallenkirche aufgeführt, wurde Jakobi erst im 15. Jahrhundert durch Erhöhung des Mittelschiffes, das mit Kreuzrippengewölben versehen wurde, umgewandelt. Die Kirche besitzt einen eigenwilligen Turm, der im unteren Teil ein riesiges, an französische Kathedralen erinnerndes Fenster zeigt. Darüber sind, bis zur Turmspitze in drei Geschossen blendenverzierte kleinere Fenster angeordnet. Die Kirche wurde im Kriege schwer in Mitleidenschaft gezogen. Dabei ging ein Teil der wertvollen und für Pommern wichtigen Ausstattung verloren. Erhalten blieb jedoch der spätgotische Flügelaltar, dessen Wandungen Szenen aus dem Marienleben zeigen. Im Schrein des Altars befindet sich als sakrale Besonderheit ein Gnadenstuhl.

97 RICHTENBERG – GESAMTANSICHT – Auf halbem Wege zwischen Stralsund und der mecklenburgischen Grenze an der Recknitz liegt das Städtchen Richtenberg. Es besaß, bereits anno 1231 gegründet, vielfache Bedeutung als Ort des Salzhandels, aber auch als Heimat für viele im 19. Jahrhundert eingewanderten Schweden und Italiener. Auf dem höchsten Punkt des Ortes ragt die im 13. Jahrhundert begonnene Stadtkirche empor. Sie besitzt eine reiche Ausstattung. In Richtenberg wird auch ein bekanntes hochprozentiges Getränk gebraut, der »Richtenberger«.

98 BARTH – GRABSTEIN DER DICHTERIN DES POMMERNLIEDES – Gegenüber der Halbinsel Zingst, auf dem Friedhof von Barth fand Martha Müller-Grählert ihre Ruhestätte. Sie hatte für ihre pommerschen Landsleute das Lied »Wo de Ostseewellen trecken an den Strand« gedichtet. Die Pommern singen bis heute dies Lied. Es ist neben der Weise »Wenn in stiller Stunde« die heimliche Hymne der Deutschen, die zwischen Darß und Lebasee aufwuchsen. Doch die Verse brachten der Dichterin kein Glück. Sie wurden aufgekauft und zu der Weise von den »Nordseewellen« umgeprägt.

99 ZINGST – FISCHERHAUS – Längs der oft sturmgepeitschten Küste zwischen Ahrenshoop und dem östlichsten Winkel der nach Rügen weisenden Halbinsel Zingst ducken sich, nur wenige Meter von der See entfernt, die meist schilfgedeckten Fischerhäuser. Mit einem Vorgärtchen geschmückt, bieten sie ein täuschendes Bild beschaulicher Romantik. Die dort lebenden Fischer führen bis heute im Kampf mit den Gewalten des Meeres ein hartes Leben, das ihnen manchnes Opfer abverlangt, nicht selten das Opfer des eigenen Lebens.

100 BARTH – STADTKERN – Gegenüber der Halbinsel Zingst liegt auf dem vorpommerschen Festland das von Geschichte erfüllte Städtchen Barth. Dort lebte Witzlaw III., Fürst von Rügen und Minnesänger zugleich. Anno 1588 entstand die sogenannte »Barther Bibel« nach Luthers Übersetzung in plattdeutscher Sprache gedruckt. Ein Exemplar befindet sich in der Marienkirche, die im Hintergrund des Bildes zu erkennen ist. In Barth wurde auch Martha Müller-Grählert, die Dichterin des Liedes »Wo de Ostseewellen trecken an den Strand« geboren.

101 PREROW – TAUFKAPELLE IN DER SEEMANNSKIRCHE – Die aus Backstein gefügte und mit einem, wie die Kunsthistoriker sagen, »verbretterten« Turm geschmückte, zunächst eher schlicht anmutende Seemannskirche entstand, trotz ihres aus Ziegeln bestehenden Gewandes keineswegs im Zeitalter der Gotik, sondern im frühen 18. Jahrhundert. Aber diese Kirche gehört mit ihrer bemerkenswerten Ausstattung weit über das Land am Darß hinaus als Sehenswürdigkeit von Rang. Ihr Mittelschiff umläuft im westlichen Teil eine hölzerne Empore und lenkt den Blick auf den reichverzierten Kanzelaltar, der 1728 in der Werkstatt des Stralsunder Meisters Elias Keßler entstand. Der Kanzelkorb ist von Säulen umfangen und im Schalldeckel befindet sich eine Darstellung Christi als Weltenrichter. Die auf dem Bild sichtbare Taufe wieder ist ein Werk aus dem Jahre 1740 und stammt aus der Werkstatt des Stralsunder Meisters Michel Müller. Sie besitzt neben dem reichen Schnitzwerk unterhalb der Engelskariatyden im Innern eine umlaufende Sitzbank.

102 PREROW – AUS DER VOGELSCHAU GESEHEN – Das Fischerdorf auf dem Darß gehört zu den weiträumigsten Orten Pommerns. Es besitzt, ideal für den Feriengast, in seiner Bauweise eine ausgesprochen harmonische Verbindung zwischen See, Wiese und kleinen Waldstücken. Die Häuser, heute kaum noch erkennbar, sind auf Dünen erbaut. Sie sollten zugleich von der See geschützt und doch für die Fischer leicht erreichbar sein. Heute gibt es nur noch wenige Fischer in Prerow. Die meisten Einwohner leben vom Ertrag des Tourismus.

103 DARSS – ALTER WINDBRUCH – Der Darß gleicht einer Urweltlandschaft. Er ist ein Winkel Pommerns, der von den Urgewalten der Natur immer wieder verwandelt wird. Schwemmsand verändert die Form der Küstenlinie. Zugleich aber nagt der Sturm Jahr um Jahr am Sandstrand. Ein wenig, oft gar nicht weit vom Küstensaum entfernt, liegt der Darßwald – eine in ihrer Eigenart unverwechselbare Landschaft mit Wipfeln, die sich in Richtung des Sturmes wiegen und beugen. In diesem Winkel findet sich das malerische Geäst des vielzitierten Windbruches.

104 DARSS – DÜNEN – Der Darß besitzt einen viele Kilometer langen von Dünen gesäumten Sandstrand. Während sich jedoch die Küste in beständiger Verwandlung befindet, bleiben die Dünen trotz Sturm in ihrer Form unverändert. Sie wandern nicht wie die Lonskedüne im fernen Hinterpommern und sie haben auch nicht, nach Agnes Miegels Wort, »Kreuz und Bibel zum Spielzeug« – wie in Nidden auf der Kurischen Nehrung. Die Dünen auf dem Darß sind durch Strauchwerk und Gräser gebunden. Sie behalten damit ihre Form und Eigenart.

105 DARSS – FÖHREN AN DER SEE – Theodor Fontane hat ein Gedicht hinterlassen, das mit der Zeile beginnt: »Am Waldessaume träumt die Föhre.« Die Föhren vom Darß träumen jedoch nicht. Sie trotzen, zerzaust, den Gewalten der Natur. Sie sehen, wie ein Dichter es ausdrückte, zuweilen aus wie windgebeugte Regenschirme. Nicht zufällig haben zahllose Maler, die sich in Ahrenshoop aufhielten, dies typisch pommersche Motiv festgehalten. Immer wieder werden Bilder dieser Art im Deichhaus in Prerow gezeigt, das heute als Museum dient.

106 DARSS – LEUCHTTURM – Das Land, auf dem sich der im Bilde sichtbare Leuchtturm erhebt, gab es früher nicht. Wo heute das Leuchtfeuer aufflammt und seinen Schein über das Meer wirft, kräuselten sich einst die Wellen. Der Turm, dessen Licht jetzt die Fischer warnt und dem Steuermann, der im Nebel sein Rad dreht, die Richtung weist, steht auf Schwemmland, das die See an die Küste trägt. Über 9 m Land werden im Jahre angeschwemmt. Dieser Sand hat inzwischen die Inseln zwischen dem Darßer Ort und dem Ostzipfel von Zingst verbunden.

107 BRANDSHAGEN – MARIENKIRCHE – Das kaum tausend Seelen zählende Dorf in der Nähe von Grimmen gehört zu den Orten Pommerns, die vielen Deutschen unbekannt sind, zu unrecht, wie sich zeigt. Brandshagen ist wohl klein und hat in der Geschichte kaum eine bedeutende Rolle gespielt. Es ist ein Dorf, wie die Dichter sagen, der Büdner, der Landarbeiter und Handwerker. Aber Brandshagen ist dafür alt. Es wurde schon um die Mitte des 13. Jahrhunderts gegründet und seine Büdner sowie die anderen Einwohner besitzen, um es mit Theodor Fontane zu sagen, ein »Feiertagsgesicht«. Ihr Dorf ist nämlich mit einer der eigenwilligsten Kirchen ganz Pommerns beschenkt. Die Marienkirche zu Brandshagen wurde schon anno 1249 erwähnt. Sie ist als Backsteinbau der Gotik begonnen, zeigt schmale Fensterschluchten und besitzt einen kurzen stumpfen Turm mit Blenden und einem – an dieser Stelle eigenwillig anmutenden – Fachwerkteil. Im Innern besticht die 1630 verwüstete Kirche durch eine reiche Ausstattung, zu der ein Altar des Stralsunder Hans Broder zählt.

108 KIRCHBAGGENDORF – KIRCHE – Das Dorf zählt kaum dreihundert Einwohner, aber es besitzt dafür einen zweiten melodischen Namen, nämlich Gransebieth, und hat als dritte Besonderheit eine alte Feldsteinkirche, deren Inneres durch eine Malerei aus dem Jahre 1390 geschmückt ist.

109 GRIMMEN – STADTANSICHT – Zu den Sehenswürdigkeiten des malerisch anmutenden Grimmen gehören die um 1280 als gotische Hallenkirche gegründete Pfarrkirche St. Marien und das im 15. Jahrhundert entstandene Stralsunder Tor mit seinem reichgeschmückten Staffelgiebel.

110 DEMMIN – LUISENSTRASSE MIT LUISENTOR – Das an der Peene gelegene vorpommersche Städtchen schaut mit seinen Türmen unmittelbar in das Mecklenburg Fritz Reuters hinein. Diese Lage bescherte Demmin manche Bedeutung. Otto von Bamberg begegnete dort im Jahre 1128 Herzog Wratislaw I. in einer Burg noch bevor die eigentliche Stadt in der späten Stauferzeit gegründet wurde. Die mit Türmen und Wällen und treppengiebelgeschmückten Toren versehene Stadt litt später wieder und wieder unter Bränden, zuletzt, als der Große Kurfürst im Jahr nach der Schlacht bei Fehrbellin Demmin eroberte. Doch die Pommern bauten alles wieder auf und begrüßten schon wenig später den prunkfreudigen Zar Peter den Großen als Gast in ihren Mauern. Vieles hat sich aus dieser Zeit jedoch nicht erhalten. Beim Ende des Zweiten Weltkrieges wurde die Innenstadt fast gänzlich in Schutt und Asche gelegt. Bewahrt jedoch blieb das auf dem Bild sichtbare Luisentor, das im 15. Jahrhundert auf den Mauern eines weit älteren Tores mit einem reich gegliederten Staffelgiebel erbaut wurde.

111 DEMMIN – STRASSENBILD – Das Motiv könnte aus jeder Stadt des Ostens stammen. Das auf dem Bild deutlich erkennbare, ausgesprochen schief wirkende Kopfsteinpflaster entdeckte Peter Bamm auch auf Markt und Straßen mancher ostpreußischen Kleinstadt. Dies Kopfsteinpflaster kann als Signum einer Lebensart gelten. Es findet sich in Berlin ebenso wie in Königsberg und es läßt sich auch in Kolberg, in Stettin und in Demmin entdecken. Dies Pflaster ist wegen seiner Dauerhaftigkeit nichts anderes als ein Zeichen des ausgeprägten preußischen Sparsamkeitswillens.

112 SEEDORF – BAUERNHÄUSER MIT DORFTEICH – Das Bild weckt mit seinen altväterlich anmutenden Fachwerkhäusern romantische Vorstellungen. Diese im Einzugsgebiet der Tollense stehenden Häuser erinnern an den Menschenschlag, der – im Gegensatz zu den wortkargen Mecklenburgern – redefreudig ist und dazu eine ausgeprägt spitze Zunge besitzt. Der unvergessene Klaus Granzow überlieferte ein Wort, mit dem die Pommern ein altkluges Kind charakterisierten. Sie sagten dann: »Klauk is he as' ne Imm, bloß Honig kann he nich schiete.«

113 – TÜTZPATZ – SCHLOSS – Im Umland von Altentreptow, das gelegentlich auch Treptow an der Tollense genannt wird, liegt ein Schloß, das auf den ersten Blick ein wenig an das Wustrau des Zieten aus dem Busch am Ruppiner See erinnert. Aber bei näherem Hinsehen ergeben sich doch Unterschiede. Zietens Wustrau ist ein großes Bürgerhaus. Tützpatz dagegen, dessen Land einst den Maltzan gehörte, ist eine festliche Anlage, von einem Rundgiebel bekrönt, der einen ausgeprägten plastischen Wappenschmuck besitzt. Schloß Tützpatz erlitt kurz nach der Jahrhundertwende Brandschäden, wurde jedoch stilgetreu wieder aufgebaut, übrigens auch im Inneren. Der große Vorplatz wird ganz in der Art einer ländlichen Residenz von Kavaliershäusern gesäumt. In der spätgotischen, aus Feldsteinen gefügten Dorfkirche, die im Chor durch ein Sterngewölbe verschönt wird, findet sich neben mancher anderen kunstgeschichtlich bedeutsamen Besonderheit der Epitaph eines Maltzan, der im Ersten Schlesischen Kriege unter der Fahne Friedrich des Großen focht.

114 ALTENTREPTOW – NEUBRANDENBURGER TOR – Das hart an der vorpommersch-mecklenburgischen Grenze gelegene Städtchen an der Tollense besitzt einen bis heute bewahrten, sichtbaren steinernen Hinweis auf die Nähe von Fritz Reuters Heimat. Eingezwängt von altväterlichen Bürgerhäusern, ragt – mit reicher Blendengliederung geschmückt und von einem Staffelgiebel bekrönt, das Neubrandenburger Tor am Südostrand von Altentreptow auf. Das um 1450 im gotischen Stil erbaute Stadttor wird gegenwärtig als Heimatmuseum genutzt.

115 ALTENTREPTOW – FRITZ REUTERS WOHNHAUS IN DER DEMMINER STRASSE – In seinem Roman »Ut mine Stromtid« legt Fritz Reuter dem von ihm ersonnenen Onkel Bräsig die sinnigen Worte in den Mund: »Die große Armut in der Stadt kommt von der großen Powerteh her!« Reuter hat, bevor er nach Altentreptow kam, diese »große Armut« am eigenen Leibe gespürt. Als Burschenschaftler verhaftet, zum Tode verurteilt und schließlich zu dreißigjähriger Festungshaft begnadigt, sah er in der Haft Leid und Not in Silberberg und Glogau, in Magdeburg und Graudenz bis er schließlich im mecklenburgischen Dömitz amnestiert wurde. Er heiratete, in der Kirche seines Schwiegervaters getraut, Luise Kuntze und zog nach Altentreptow, das damals noch Treptow hieß. Angeregt durch den Erfolg, den Klaus Groth mit seinen in niederdeutscher Mundart geschriebenen Gedichten erzielte, begann Reuter selbst zu schreiben und gab im Selbstverlag seine »Läuschen un Rimels« heraus. Seine großen Werke aber schrieb er erst später, als er nach »Nigenbramborg«, nach Neubrandenburg zog.

116 »GREIFSWALD BEI MONDLICHT« – Wenn der Name Greifswald fällt, schrieb Udo von Alvensleben, »denkt man im Anblick der Stadtsilhouette an Caspar David Friedrich«. Der Künstler hat seine Heimatstadt in dem ihm eigenen Stil dargestellt. Nicht zufällig bekannte der Romantiker: »Keiner ist Maßstab für alle; jeder nur Maßstab für sich und für die mehr oder weniger ihm verwandten Gemüter.« Das Werk, 1817, in einer Zeit deutscher Zerrissenheit auf die Leinwand gebannt, ist ein Sinnbild unverlierbarer deutscher Gefühlswelt.

117 GREIFSWALD – MARIENKIRCHE MIT MARKTPLATZ VOM RATHAUS HER GESEHEN – Im Volksmund der Vorpommern wird die Greifswalder Marienkirche schlicht »dicke Marie« genannt. In der Tat überragt dies Gotteshaus mit seinem gewaltigen Backsteinleib die Bürgerhäuser am Markt um ein Vielfaches. Marien, auf halbem Wege zwischen Ryck und Stadtgraben gelegen, besitzt einen fast einmaligen Reiz. Die Kirche, um 1280 erstmals genannt, wurde vermutlich noch im spätromanischen Stil begonnen, dann jedoch in der für diesen Teil Deutschlands typischen Art als gotische Basilika erbaut. Dreischiffig, mit Kreuzrippengewölben und Bündelpfeilern bereichert, besitzt Marien eine ungewöhnlich reiche Ausstattung – vor allem in den Kapellen des südlichen Seitenschiffs. Wandgemälde mit Motiven der Leiden Christi und ein Flügelaltar, der in seinem Schrein eine Grablegung Christi zeigt, die wahrscheinlich ein schwäbischer Meister kurz nach dem Jahre 1500 schuf, gehören zu den erstaunlichen Schätzen dieser pommerschen Kirche.

118 GREIFSWALD – MARKT – Die Stadt am Ryck bestand lange Zeit – ähnlich wie Berlin und Cölln – aus zwei Teilen. Die im Hintergrund des Bildes sichtbare Kirche gilt als Symbol für die Vereinigung der beiden Stadthälften. Greifswald gehörte auch schon früh der Hanse an und besaß mit seiner 1456 gegründeten Universität geistesgeschichtliche Bedeutung weit über die Grenzen Pommerns hinaus. An dieser Alma Mater studierten, um nur einige Namen anklingen zu lassen, Ulrich von Hutten und Ernst Moritz Arndt, Caspar David Friedrich und Theodor Billroth. Auch Hermann Löns war in Greifswald als angehender Mediziner immatrikuliert. Das Rathaus, ein verputzter Ziegelbau aus dem 14. Jahrhundert, zeigt nicht allein über dem steilen Satteldach einen malerischen Dachreiter. Es besitzt auch mit der alten Ratsstube, dem jetzigen Trauzimmer, einen mit barockem Deckenstuck und gemalten Tapeten mit mythologischen Darstellungen ausgestatteten Raum von ungewöhnlich großem Reiz.

119 NEU BOLTENHAGEN – BAUERNHAUS MIT KIRCHE – Im Umland von Greifswald finden sich viele steinerne Besonderheiten. Dazu zählt das im Bild sichtbare schilfgedeckte Bauernhaus mit seiner aus einer Mischung von Fachwerk, Putz und Ziegelwerk gefügten Wandung. Die im Hintergrund aufragende Kirche besitzt einen Kanzelaltar, den der Greifswalder Meister Andreas Mayer 1767 schuf. Außerdem besitzt die im frühgotischen Stil geprägte Backsteinkirche im Chor auch bemerkenswerte Logeneinbauten aus dem 18. Jahrhundert.

120 ELDENA BEI GREIFSWALD – KLOSTERRUINE – Streng genommen war das Kloster Eldena eine Art Flüchtlingssiedlung. Zisterzienser, die im späten 12. Jahrhundert aus dem dänischen Kloster Esrom geflohen waren, suchten an der pommerschen Küste Heimat. Sie bauten sich dort eine gotische Basilika und ein Kloster mit Kapitelsaal, einem Mönchs- und einem Laienrefektorium und dazu ein Brunnenhaus. Von Eldena aus gründete Herzog Wratislaw III. anno 1249 die Stadt Greifswald. Das Kloster wurde damit zur Pflanzstätte der Ostseestadt. Es gilt jedoch in der Geschichte auch als treibende Kraft bei der Entstehung der Universität Greifswald. Das Kloster besaß im Sinne des Wortes Bedeutung. Es war reich und konnte im 14. Jahrhundert die Rügener Halbinsel »Mönnike Guedt« erwerben, die eben nach ihnen bis heute den Namen Mönchgut bewahrte. Die Mönche galten als tolerante Gottesmänner. Das kam ihnen bei der Säkularisation im Jahre 1533 zugute. Wer von ihnen damals in Eldena verbleiben wollte, erhielt dort auf Lebenszeit Kost und Logis.

121 ELDENA BEI GREIFSWALD – WEST-FASSADE DER KIRCHE – Das östlich von Greifswald gelegene Zisterzienser-Kloster wurde ursprünglich noch im spätromanischen Stil begonnen, dann jedoch ganz in der steinernen Handschrift der norddeutschen Backsteingotik aufgeführt. Der Blick vom wüsten und unbedachten Schiff der Kirche fällt durch das riesige kathedralähnliche Fenster, flankiert von den noch heute begehbaren Rundtürmchen nach Greifswald. Das ehemals reich ausgestattete Kloster wurde nach seiner Aufhebung – wie die amtliche Bezeichnung lautete – zunächst von den pommerschen Herzögen zum »Quartier« erhoben, dann später von den Schweden in Besitz genommen und schließlich zum Steinbruch degradiert. Der Retter dieses malerischen Bauwerks ist Caspar David Friedrich. In vielerlei Bildern hat er Langschiff und Spitzbogen, Chorreste und Turmstümpfe mit seinem Malerauge eingefangen. In diesen Bildern drückte er, wie er später bekannte, das aus, »was das Wort nicht wiederzugeben vermag.« Die Parkanlage am Kloster stammt übrigens von Peter Joseph Lenné.

122 WOLGAST – RATHAUS – GESEHEN VOM TURM DER PETRIKIRCHE – Das Städtchen am Westufer der Peene besitzt drei Bauten von Rang: Die im 14. Jahrhundert unter Einbeziehung älterer Trakte erbaute Petrikirche; dann das im Bild sichtbare Rathaus, ein verputztes gotisches Bauwerk, bekrönt von einem Laternentürmchen. Doch erst das dritte Denkmal macht am Ende die Bedeutung von Wolgast aus. Es ist das Geburtshaus von Philipp Otto Runge, des Malers und Dichters der Romantik, der auch das Geschichtchen vom »Fischer un syner Frau« hinterließ.

123 KEMNITZ – KIRCHE MIT DORFSTRASSE – Das Dorf im Umland von Greifswald ist älter als die Ostseestadt. Das ist kein Zufall, denn der Ort gehörte zum Kloster Eldena, wo ja die Geburtsurkunde für Caspar David Friedrichs Heimatstadt besiegelt wurde. Auch die Dorfkirche ist erstaunlich alt. Sie rührt noch aus der Klosterzeit her, wurde jedoch nach der Zerstörung im Dreißigjährigen Krieg vielfach umgebaut. Der Turm stammt aus der Schinkel-Zeit. In Kemnitz steht auch noch ein Niederdeutsches Hallenhaus, das im frühen 18. Jahrhundert erbaut wurde.

124 KOSEROW AUF USEDOM – STRAND MIT STEILKÜSTE – Koserow zählt zu den vielgerühmten Seebädern Pommerns. Früher lebten die Einwohner dagegen nur vom Fischfang. Deshalb ist der Ort mit seiner aus Quadern gefügten Kirche auch von der stürmischen Küste weggerückt.

125 ÜCKERITZ – FISCHERSTRAND – Der bekannte Badeort besitzt eigentlich drei Strände: Einen, an dem die Fischer ihre Boote an Land ziehen; einen, an dem sich die Feriengäste an See und Wind erfreuen und einen am Achterwasser, wo der See abgewandt der Ort Ückeritz liegt.

126 BANSIN – SEEBAD – Koserow und Ückeritz liegen auf einer Nehrung, einem schmalen Landstreifen, der die Pommersche Bucht vom Achterwasser trennt, das wiederum eine weitflächige Verbindung zwischen der Peene und dem Stettiner Haff bildet. In Bansin ist das anders. In der Nähe des Ortes gibt es Waldungen, Äcker, auch Seen. Das Dorf entstand in der friderizianischen Zeit aus einem einzigen Bauernhof. Kurz vor der Jahrhundertwende wurde dann am Fuße einer kleinen Anhöhe das Seebad gegründet, das Bansin bis heute zu vielfachem Ruhme verhilft.

127 HERINGSDORF MIT KURHAUS – Der Ort gehört bis heute zu den beliebtesten Seebädern auf Usedom. Eine 12 km lange Promenade verbindet Heringsdorf nach Westen hin mit Bansin und nach Osten mit Ahlbeck. Bis 1945 führte diese Promenade auch nach Swinemünde. Heringsdorf zählte schon im 19. Jahrhundert zu den gerühmten Ferienorten. Es gab dort – im Bild sichtbar – gleich am Kopf des Seesteiges, das Kurhaus, dann zur Linken das groß angelegte Familienbad und einige hundert Meter daneben, preußischklar abgesetzt, das Herrenbad. In der zweiten Hälfte des 19. Jahrhunderts galt Heringsdorf als Modebad der Berliner Gesellschaft. Alles, was Rang und Namen hatte – oder einen Namen zu besitzen vorgab, traf sich dort an der Ostsee. 1922 zählte zu den Gästen auch der russische Schriftsteller Maxim Gorki. In dem Haus, das er damals bewohnte – der »Villa Irmgard« – ist sein Arbeitszimmer erhalten. Gorki soll in Heringsdorf das grimmige Wort geprägt haben: »Die Deutschen sind in der Masse schwer zu ertragen.« Die Umgebung von Heringsdorf gehört zu den malerischsten auf der Insel.

128 AHLBECK – GESAMTANSICHT – Der malerisch gelegene Ort wurde um die Mitte des 18. Jahrhunderts als Fischerdorf gegründet. Um die gleiche Zeit entstand auf einer Anhöhe – in der Mitte des Bildes erkennbar – die Dorfkirche, die als architektonische Sensation im Innern eine hölzerne Decke besitzt, die in der Art eines Spiegelgewölbes angeordnet ist. Seit 1852 erlebte Ahlbeck einen stürmischen Aufschwung als Seebad. Im letzten Jahr vor dem Ausbruch des Zweiten Weltkrieges wurden in diesem Winkel Usedoms eine halbe Million Gäste gezählt.

129 SWINEMÜNDE – BLICK ZUR KIRCHE – Theodor Fontane hat einen Teil seiner Jugend in diesem im äußersten Osten Usedoms gelegenen Städtchen verlebt. Er nannte Swinemünde »ein unschönes Nest«, empfand es aber doch als einen Ort »von besonderem Reiz«. Vor allem besitzt Swinemünde eine bevorzugte Lage an der See. Es wurde schon im 13. Jahrhundert als Fährort nach Wollin genannt und erhielt um die gleiche Zeit einen Hafen, der allerdings in der Schweden-Ära jede Bedeutung verlor und erst durch Friedrich Wilhelm I. wieder ausgebaut und als Hafen Preußens genutzt wurde. Kurz vor Ende des Zweiten Weltkrieges wurde die Stadt bombardiert. Dabei gab es viele Tote und große Zerstörungen. Auch das Fontane-Haus brannte nieder. Die Opfer wurden nicht in der Stadt, sondern am 59 m hohen Golm beigesetzt, einem nahe am Stettiner Haff gelegenen Berg, der 1945 unter deutscher Landeshoheit verblieb. Die auf dem Bild sichtbare Kirche entstand im späten 18. Jahrhundert.

Der Turm wurde jedoch erst in der spätwilhelminischen Ära angefügt.

130 SWINEMÜNDE – ANLEGEPLATZ DES »SEEDIENSTES OSTPREUSSEN« – Nach dem Ende des Ersten Weltkrieges wurde eine eigene Schiffahrtslinie eingeführt, um das vom deutschen Mutterland durch den Polnischen Korridor abgetrennte Ostpreußen – die »Einsame am Brückenkopf Deutschlands«, wie Agnes Miegel es ausdrückte – ohne Kontrollen zu erreichen. Die Schiffe befuhren längs der pommerschen Küste die Route bis Zoppot, um dann Pillau als Vorhafen Königsbergs anzusteuern. Gelegentlich wurde von den Schiffen des »Seedienstes« auch Riga angefahren.

131 SWINEMÜNDE – STRAND MIT LEUCHTTURM – Der Strand von Swinemünde gehörte zu den beliebtesten Badeaufenthalten in diesem Teil Pommerns. Er war früher mit einer Konzertmuschel ausgestattet, in der Sommer für Sommer bekannte Orchester für die Gäste musizierten. Vom Sandstrand von Swinemünde führte damals eine Promenade über das benachbarte Ahlbeck und Heringsdorf bis Bansin. Das ist heute Geschichte. Zwischen Swinemünde und Ahlbeck liegt seit 1945 eine Grenze, die – wie so oft in der Geschichte – Pommern von Pommern trennt.

132 SWINEMÜNDE – OSTMOLE – Dicht bei der von Wind und Wettern umtobten Ostmole liegt die Mündung der Swine. Wenige Kilometer südlich öffnet sich ein kanalartiger Durchlaß, der unter dem Namen Kaiserfahrt zum Begriff in der Seeschiffahrt wurde. Er erleichtert die Zufahrt von der Pommerschen Bucht nach Stettin auch für Hochseeschiffe enorm. Diese Kaiserfahrt wurde kurz nach der Gründung des Zweiten Deutschen Reiches in der Zeit Kaiser Wilhelms I. als Durchstich durch die Insel Usedom begonnen und auch vollendet.

133 MISDROY – STRAND – Dies noch zur Zeit Goethes gegründetete Seebad auf der Insel Wollin besaß wegen seiner Lage und vor allem wegen seines Klimas einen besonderen Reiz. Der lange Sandstrand blieb von der Landseite her durch einen Kranz kleiner Anhöhen – wie den knapp 70 m hohen Kaffeeberg oder den Gosanberg – vom Wind geschützt. Die vom Reizklima freie Lage lockte auch berühmte Gäste an, unter anderem – noch in seiner Zeit als Deutscher Kronprinz – den nachmaligen Kaiser Friedrich III., der kein rauhes Klima vertragen konnte.

134 WOLLIN – STADTANSICHT – Wollin gehört wohl zu den ältesten Städten Pommerns. Unter seinen Mauern wurden Reste einer Wikinger-Siedlung und auch Spuren des historischen Julin entdeckt. Nach schwer beweisbaren Überlieferungen soll in den Wassern der Dievenow, an die sich Wollin lehnt, das legendäre Vineta liegen. Beweisbar aber bleibt, daß Wollin als Schlüssel zur Insel Jahrhundert für Jahrhundert umkämpft war. Das romantisch erscheinende Bild der Stadt mit Fachwerkhäusern und hochragenden Kirchtürmen verrät davon jedoch wenig.

135 MELLENTHIN AUF USEDOM – SCHLOSS – Renaissanceschlösser sind in Pommern selten. Aber einige gibt es doch. Dazu gehört Mellenthin, das auf einer Insel auf der Insel Usedom im 16. Jahrhundert erbaut wurde. Das Schloß besitzt in der gewölbten Halle des Erdgeschosses einen aus der Zeit der Gründung stammenden mit reichem Stuckzierat geschmückten Kamin. Darauf ist in Bildern die Legende überliefert, wie der Teufel mit dem Besitzer des Schlosses davonfuhr. Das recht gut erhaltene Schloß zählt zu den bedeutenden Bauwerken Pommerns.

136 USEDOM – OTTO VON BAMBERG-DENKMAL – Auf einer Anhöhe am Westrand von Usedom erhebt sich ein aus Backstein gefügtes Denkmal, das – bis heute unversehrt erhalten – im Jahre 1928 aufgeführt wurde. Es steht genau an der Stelle, an der Otto von Bamberg anno 1128 in Pommern das Christentum einführen und den Häuptern der Wenden die Taufe reichen konnte. Von der Höhe des Denkmals öffnet sich der Blick weit nach Westen über die Peene aufs pommersche Festland. Dort, im östlichen Winkel Vorpommerns wurde der gottsuchende Bernt Notke geboren.

137 SWINEMÜNDE – MOLE – Die von einem Leuchtfeuer bekrönte Mole war für die Fahrensleute auf der Ostsee ein häufig lebensrettendes Signal. Fischer peilten sie an, wenn sie nach ihrer Fahrt durch die gepeitschte See ihre Heimathäfen auf Usedom oder Wollin oder auch am Rande des Stettiner Haffs ansteuerten. Ähnlich ging es kleineren Lastschiffen, die von Stralsund oder Kolberg Kurs auf Stettin genommen hatten. Aber auch die großen Fahrgastschiffe des »Seedienstes Ostpreußen« nutzten das Leuchtfeuer auf der Mole als richtungweisendes Zeichen.

138 ANKLAM – VON DER PEENE AUS GESEHEN – Die im 13. Jahrhundert gegründete Stadt besitzt eine bemerkenswerte Silhouette, die von der dreischiffigen reichgeschmückten Marienkirche im Vordergrund und von St. Nikolai am Markt – 1945 ausgebrannt – geprägt wird.

139 ANKLAM – STADTGEBÄUDE – Die an der von Mecklenburg quer durch Vorpommern fließenden Peene gelegene Stadt besitzt eine Reihe ausgesprochen dekorativer Verwaltungsgebäude, die sich bis unmittelbar an den Lauf des Flusses drängen, der für Anklam als Lebensader gilt.

140 ANKLAM – ALTER INNENHOF mit Pulverturm – Die Stadt an der Peene besaß eine große Zahl romantischer Innenhöfe, in denen manche aus Fachwerk und Feldstein gefügte Trakte miteinander verwoben, Motive für einen Carl Spitzweg hergegeben hätten. All das ist – überwiegend – Vergangenheit. Im Zweiten Weltkrieg wurde gerade die Altstadt mit ihren weitgehend noch aus dem Mittelalter stammenden Häusern getroffen. Vieles war damit unrettbar verloren. Anklam wurde im 13. Jahrhundert mit nahezu mathematischer Genauigkeit auf der Grundlage eines gitterförmigen Straßennetzes angelegt, in dessen Mitte das beinahe zu groß geratene Geviert des Marktes lag. Vieles davon ging im Krieg zugrunde. Bewahrt dagegen blieben einige Teile der Stadtbefestigung wie das 32 m hohe Steintor, ein quadratischer Backsteinturm, der einen reichen blendengeschmückten Staffelgiebel aus Backstein besitzt. Außerhalb von Anklam erhebt sich an der Straße nach Pasewalk ein im 15. Jahrhundert erbauter Wartturm, der im Volksmund den Namen »Hoher Stein« trägt.

141 ANKLAM – HAUS AM MARKT 12 – Gotische Bürgerhäuser gab es an der deutschen Ostseeküste früher in großer Zahl. Sie waren in Rostock zu finden und auch in Wismar. Es gab sie aber ebenso in Stettin und Königsberg. Die meisten dieser Häuser, deren Giebel gelegentlich zu den steinernen Wundern der Norddeutschen Backsteingotik zählten, gingen im Kriege unter. Diese Häuser waren jedoch nicht allein Zeugen einer Epoche der deutschen Baukunst. Sie galten auch als Zeugen einer hanseatischen Lebensart. Einige wenige dieser steinernen Überlierferungen einer verwehten Ära blieben jedoch erhalten oder wurden nach dem Kriege unter Opfern und mit unsäglicher Mühe restauriert. Dazu zählt in Anklam das gotische Haus in der Frauenstraße 12, das trotz starker Kriegsschäden 1960 detailgetreu mit seinem blendengeschmückten Pfeilergiebel wiederhergestellt wurde. Darüber hinaus gibt es in der Demminer Straße in Anklam ein sorgsam bewahrtes großes Speicherhaus aus dem 17. Jahrhundert mit Fachwerkgiebel und Kranluken.

142 ANKLAM – DENKMAL FÜR LILIENTHAL – Der im Revolutionsjahr von 1848 in Anklam geborene Otto Lilienthal gilt als Vater der von Menschen bewirkten Kunst des Fliegens. Er träumte vielleicht von Ikarus, wenn er mit seinem Flugapparat, wie er es ausdrückte, »nur von einer leisen Äolsharfenmusik begleitet«, durch den Himmel Pommerns schwebte. Aber Lilienthal war kein Träumer. Das machen all die Erinnerungen deutlich, die in seiner Heimatstadt Anklam gesammelt werden. Der Flugpionier prägte das Wort: »Es gilt, mit den erworbenen Kenntnissen herauszutreten in die Natur, hinaus in die Luft und den Wind.« Seine ersten Flüge trugen ihn über die Distanz von ganzen dreihundert Metern. Die Menschen nannten ihn »den Verrückten vom Berg«. Doch der in den Augen vieler als verrückt gescholtene Lilienthal war in Wahrheit ein Visionär. Er schrieb: »Man möchte annehmen, es sei in der Flugtechnik zu viel gerechnet und zu wenig versucht worden.« Nicht unverdient ragt am Markt zu Anklam zu seinem Gedenken eine schneeweiße, steil in den Himmel weisende Stele auf.

143 SCHLOSS SCHWERINSBURG IM KREISE ANKLAM – Einige Kilometer südlich von Anklam reckte Schloß Schwerinsburg seine Mauern in den Himmel Pommerns. Erbaut von dem friderizianischen Generalmajor Curt Christoph von Schwerin galt das Schloß mit seinen Trakten und Pavillons als eine der aufwendigsten Besitzungen ganz Pommerns. Es überragte, wie Udo von Alvensleben in seinen »Erinnerungen« notierte, mit seinem »riesigen Mansartdach das kahle Land wie ein Gebirge.« 1945 brannte das Schloß nieder und wurde später vollkommen zerstört.

144 UECKERMÜNDE – STADTPANORAMA – Das Städtchen liegt am Ufer der Uecker, die aus der Uckermark kommend, ins Stettiner Haff mündet. Ueckermünde, schon im 13. Jahrhundert erwähnt, war im Mittelalter stark befestigt. Im Dreißigjährigen Krieg wurde es fast gänzlich zerstört. Wiederaufgebaut bietet Ueckermünde heute das typische Bild einer pommerschen Kleinstadt. Zur Linken ist die barocke Pfarrkirche St. Marien zu erkennen, die im 19. Jahrhundert einen neugotischen Turm erhielt. Zur Rechten ist der stumpfe Turm des Renaissance-Schlosses zu sehen.

145 UECKERMÜNDE – SCHLOSS – Das im Stil der Renaissance erbaute Schloß wuchs als vierflügelige Anlage in der Mitte des 16. Jahrhunderts empor. Im Zeitalter des Barock wurden drei Flügel abgebrochen. Erhalten blieb nur der zweigeschossige Südflügel, der von einem quadratischen Treppenturm flankiert wird, durch den eine Wendeltreppe in reizvoller Anordnung um eine gewundene Spindel führt. Dieser Treppenturm wieder lehnt sich an einen massigen Bergfried, dessen Turm zuletzt zu Beginn des 20. Jahrhunderts verändert wurde.

146 TORGELOW – STADTBILD – Das auf halbem Wege zwischen Ueckermünde und Pasewalk gelegene Städtchen, in dem bis zum 15. Jahrhundert eine Raubritterfamilie beheimatet war, gilt gelegentlich als ältester pommerscher Industrieort. In Torgelow gibt es ein – in der Zeit Friedrich des Großen gegründetes – Hüttenwerk. Das Material, das in der Hütte verarbeitet wird, liefert die Natur. Unter dem Erdreich liegt in Brocken der Raseneisenstein, der nach der Überlieferung einen Eisenanteil von nahezu 40 % besitzen soll.

147 PASEWALK – RATHAUS – Die Stadt an der Ücker liegt hart an der alten pommersch-brandenburgischen Grenze. Nicht zufällig gibt es daher bis heute in Pasewalk einen im 15. Jahrhundert mit Zinnenkranz versehenen Rundturm mit dem bezeichnenden Namen »Kiek in de Mark«. Zeugnis der kriegerischen Verwicklungen, in die Pasewalk immer wieder hineingerissen wurde, ist das Rathaus. Der mächtige, turmbekrönte Barockbau entstand um 1727 auf den Mauern eines sehr viel älteren Rathauses, das jedoch schon im Dreißigjährigen Kriege zerstört wurde.

Bäckerei
Sarg-Bau u. Möbeltischlerei Wilh. Prövrock.

148 PASEWALK – MÜHLENTOR – Das 1188 urkundlich erwähnte Städtchen besitzt als Beweis seiner bewegten Vergangenheit das um 1450 entstandene Mühlentor, einen mit Spitzbogenblenden geschmückten Bau, der durch einen achteckigen Aufsatz mit gemauertem Turmhelm bekrönt ist.

149 RETZIN – DORFSTRASSE – Der kleine Ort liegt zwischen Prenzlau und Stettin am Rande des urbar gemachten Randow-Bruches. In Retzin wird – ähnlich wie im benachbarten Schwedt – Tabak angebaut. Die Feldsteinkirche im Hintergrund stammt aus dem 13. Jahrhundert.

150 LÖCKNITZ – SCHLOSS UND BERGFRIED – Der an der Bahnlinie nach Pasewalk gelegene Ort besaß ein verputztes Schloß, dessen Portal Sitznischen von 1527 hatte. Dieses Schloß wurde 1985 zerstört. Erhalten blieb nur der rechts im Bild sichtbare mittelalterliche Bergfried.

151 NEUWARP-RATHAUS – Neuwarp liegt im Süden des Stettiner Haffs, dicht hinter der Grenze, die heute Pommern trennt. Das auf dem Bild sichtbare Rathaus stammt aus dem 17. Jahrhundert. Im gegenüber von Neuwarp gelegenen Altwarp erklingt noch immer das pommersche Platt.

152 STETTINER HAFF – Mit etwas über 900 Quadratkilometern Umfang, einschließlich aller Ausbuchtungen und Zuflüsse, ist das Stettiner Haff beinahe doppelt so groß wie der Bodensee. Diese gewaltige Ausmündung der Oder entstand am Ende der Eiszeit als Stausee.

153 STETTIN – VEREISTES SCHIFF IM HAFEN – Die Winter an der pommerschen Küste waren oft ungewöhnlich streng. Die Schiffe vereisten vollständig und die Fahrrinne von Stettin durch das Haff und die Kaiserfahrt mußte meist durch Eisbrecher freigehalten werden.

154 STETTINER HAFF – Das weitausladende Haff diente nicht nur Hochseeschiffen und den Dampfern zur Durchfahrt, die Ferienziele auf Usedom und Wollin, auf Rügen und Hiddensee ansteuerten. Das Haff bot auch den Fischern der umliegenden Orte ergiebige Fanggründe. Es besaß abseits der Fahrrinne, die vom Dammschen See und durch das Papenwasser zur Kaiserfahrt führte, nur geringe Tiefe. Dort legten die Fischer ihre Netze aus und fingen Hechte und Barsche, auch Zander und Aale. Der Fischmarkt in Stettin wurde von den oft wortgewaltigen Haff-Fischern mit der Beute beschickt. Es gab dort beim Verkauf des Fanges Szenen, wie sie in Königsberg auf dem Fischmarkt nicht deftiger sein konnten. Fragte da eine Stettinerin, ob es denn keine Flundern gäbe. Worauf die Fischfrau die entwaffnende Antwort gab: »Nee, de heww ick hüt nich. Un üm Ehretwillen kann ick de Borrs (den Barsch!) nich dörch de Mangel dreihn.« Ein Fischer wieder, dem die Gäste zuviel Kartoffeln und zu wenig Fisch aßen, gab den Rat: »Frett Fisch, de Tuffle sind to düer.«

155 STETTIN – BLICK AUF DIE HAKENTERRASSE – Kurz nach der Jahrhundertwende wurde durch den damaligen Stettiner Oberbürgermeister Hermann Haken die später nach ihm benannte Terrasse sozusagen als Empfangsstätte für die Gäste der Stadt angelegt. Umfangen wird die Terrasse von verschiedenen Regierungsgebäuden und dem Städtischen Museum. Links im Hintergrund ist die St. Jakobikirche zu erkennen, an deren Orgelbank der Wahlpommer Carl Loewe über vierzig Jahre hindurch zum Lobe Gottes musizierte.

156 STETTIN – HOCHSEEHAFEN – Schiffe aus aller Herren Länder liefen bis 1945 den Stettiner Hafen an. Schon kurz nach dem Ende der Freiheitskriege wurden die Anlagen ausgebaut. In der spätwilhelminischen Ära entstand ein Freihafen und ein Jahr nach Ausbruch des Ersten Weltkrieges gewann Stettin durch Erschließung des Großschiffahrtsweges als Hafen Berlins enorme Bedeutung. Insgesamt wurden im Freihafen und in den für den Binnenhandel bestimmten Hafenbecken mehr als dreizehn Millionen Tonnen Handelsgüter verschiedenster Art umgeschlagen.

157 STETTIN – BÄDERSCHIFFE AN DER HAKENTERRASSE – Der Liegeplatz der Ausflugsdampfer besaß für die Pommern, für die Berliner, aber auch für viele andere Gäste der Oderstadt große Anziehungskraft. Von der Hakenterrasse aus steuerten die Bäderschiffe nach Passieren des Haffes und der Kaiserfahrt meist zunächst Swinemünde an, um dann Kurs nach Misdroy auf Wollin zu nehmen, oder um Ahlbeck auf Usedom anzufahren. Viele Dampfer aber kreuzten die Pommersche Bucht und legten nach Vorbeifahrt an der Greifswalder Oie in den Bädern Rügens an.

158 STETTIN – REGIERUNGSGEBÄUDE ÜBER DER HAKENTERRASSE – Stettin war bis 1945 die Hauptstadt Pommerns. Von den repräsentativen Regierungsgebäuden über der Oder aus wurde das weitgedehnte Land zwischen dem Saaler Bodden und dem Zarnowitzer See verwaltet.

159 STETTIN HAKENTERRASSE MIT BLICK ZUR ODER – Die Hakenterrasse besaß für Stettin eine ähnliche Bedeutung wie die Brühlsche Terrasse für Dresden, die nach Goethes Wort ein »Balkon Europas« war. Die Hakenterrasse wiederum war das Schaufenster Stettins zur Oder.

160 STETTIN – BERLINER TOR – Nach einem alten Wort empfanden die Hohenzollern Stettin als »Braut« ihres Herrscherhauses; als eine Braut freilich, die sie auf schmerzliche Art ihrem Haus erkämpfen mußten. Das steinerne Gesicht der Oderstadt zeigt diese schwierige Brautwerbung auf eindringliche Art. Der Große Kurfürst hat die Stadt zweimal vergeblich belagert – 1659 und 1676. Erst 1677 gelang ihm nach einer dritten Belagerung die Eroberung der Stadt. Aber er mußte sie wieder hergeben. Im Frieden von St. Germain erhielt Brandenburg Hinterpommern, doch Stettin fiel an Schweden. Erst 1720 kam die umkämpfte Stadt an Preußen. Wenige Jahre später fügte der sprichwörtlich sparsame Soldatenkönig Friedrich Wilhelm I. in ungewöhnlicher Freigebigkeit das bis heute erhalten gebliebene Berliner Tor, geschmückt von seinem Hofbildhauer Damart in das Stadtbild. Das Tor gilt wohl als Morgengabe des Königs an die »Braut« der Hohenzollern. Es gewann auch an Symbolkraft. 1813 mußten die Scharen Napoleons durch dieses Tor die Stadt verlassen.

161 STETTIN – DETAIL VOM MANZELBRUNNEN – Die Oderstadt besaß eine Vielzahl von Brunnen, die allesamt die Beziehung Stettins zum Hause Hohenzollern verdeutlichten. Friedrich Wilhelm I. hat ja auch bewußt über tausend eiserne Röhren der alten Wasserkunst aus dem Schloß Oranienburg nach Stettin schaffen lassen. In seiner Zeit entstand am Roßmarkt ein Brunnen mit einem wasserspeienden Adler. Zu den Hauptsehenswürdigkeiten jedoch zählt der zwischen Rathaus und Bollwerk gelegene mit reichem Figurenschmuck versehene Manzelbrunnen.

162 STETTIN – UHRENTURM AM SCHLOSS – Hoch über der Oder wuchs im 14. Jahrhundert auf viel älteren Fundamenten das Stettiner Schloß empor. Es besaß remterähnliche Säle und vermittelte damit eine Ahnung der Marienburg. Das Schloß wurde häufig umgebaut, auch erweitert und erhielt zuletzt durch Herzog Philipp II. den sogenannten Philippsbau, in dem die großen Kunstschätze Pommerns bewahrt wurden. 1677 erlitt die Residenz beim Sturm des Großen Kurfürsten enorme Schäden, die jedoch bald beseitigt wurden. Als eigenwilligsten Schmuck besitzt die im Volksmund als »Greifenschloß« bezeichnete Anlage den Uhrenturm. Er gilt als Siegesmal der Schweden. Narren schlagen darin die Stundenglocke und ein Mohr, um dessen Kopf die Zeiger kreisen, deutet mit den Augen die Sekunden an, während in seinem viereckigen Mund die Zahl der verronnenen Sekunden erscheint. Dies Schloß brannte am Ende des Zweiten Weltkrieges vollständig nieder. Es wurde jedoch wieder aufgebaut und wird jetzt unter anderem als Museum und Theater genutzt.

163 STETTIN – BLICK IN EINEN DER SCHLOSSHÖFE – Im Schloß der Herzöge von Pommern gab es mehrere Höfe, die jedoch viel an Glanz verloren hatten. »Beiseitegestellt als Sitz des Katasteramtes fristeten sie kasernenhaft nüchtern ein armseliges Dasein.« In einigen Winkeln ließ sich freilich noch die einstige Bedeutung erkennen. Da gab es in einer Nische eine Statue Otto von Bambergs. An anderer Stelle waren die knöchernen Überreste eines Walfisches zu erkennen und am Philippsbau lockte ein aufwendiges Relief die Besucher an.

164 STETTIN – SCHLOSSFRONT – Hoch über der Oder, beinahe an einem Steilufer gelegen, ragt das Schloß mit seiner vielfenstrigen Front hinter der Hakenterrasse auf. Es ist eine weiträumige Residenz, in der Jahrhunderte hindurch pommersche Geschichte geformt und geschrieben wurde. Im 14. Jahrhundert begonnen, wurde das Schloß mehr und mehr zum ständigen Sitz der Herzöge, die von der Oderstadt aus ihr Land oft auf ausgesprochen liberale Art regierten. Eine Reihe von Herzögen ist auch in der dem Schloß angefügten Grablege beigesetzt.

165 STETTIN – INNERES DER SCHLOSSKIRCHE – Dies Stettiner Gotteshaus gilt als älteste protestantische Kirche Pommerns. Sie entstand im späten 16. Jahrhundert und erinnert in ihrem Stil an die Torgauer Schloßkirche, in der Martin Luther Katharina von Bora zur Frau nahm. Der Altar der Schloßkirche stammt von dem Florentiner Meister Perino. Unter dem Altar befand sich bis 1945 die Gruft der Pommerschen Herzöge. Die Särge stehen jetzt in einem anderen Gewölbe. Die eigentliche Schönheit der Kirche beruht aber in der pittoresk wirkenden Ausmalung des ohne Pfeiler steil aufragenden Schiffes, das von logenartigen Umgängen eingefaßt ist. Die farbige Ausmalung wurde zuletzt kurz vor Ausbruch des Ersten Weltkrieges erneuert. Sie schenkte dem Raum, dessen Wandung über dem Altar durch einige Bildnisse bereichert war, bis zum Ende des Zweiten Weltkrieges ein unvergleichlich festliches Gesicht. Die Ausstattung der Kirche ist weitgehend verloren. Das Gotteshaus wird heute auch nicht mehr für kirchliche Handlungen benutzt, sondern dient als Konzertsaal.

166 STETTIN – LOITZENHOF – Die Oderstadt besaß in dem hoch aufragenden gotischen Bau die Residenz des Handelshauses der Loitze, die als pommersche Konkurrenten der Fugger gelten konnten. Ihr Palast zeigte als architektonischen Reiz einen Turm mit einer gotischen Wendeltreppe. Die Loitze waren jedoch nicht mit dem kaufmännischen Glück der Fugger beschenkt. Sie mußten ihren Besitz veräußern. Im 17. Jahrhundert zog ein schweizer Zuckerbäcker ein. Dann verfiel das Haus und wurde erst lange nach 1945 restauriert. Es dient jetzt als Schule.

167 STETTIN – St. JAKOBI-KIRCHE – Das wie ein Schiff über dem Häusermeer aufragende Gotteshaus wurde im späten 12. Jahrhundert von dem Bamberger Kaufmann Beringer, der sich an der Odermündung niedergelassen hatte, gegründet. St. Jakobi war zunächst eine schlichte gotische Hallenkirche, erhielt dann aber einen weitreichenden Chor und im 15. Jahrhundert einen Dachreiter dazu. Die früher reich ausgestattete Kirche wurde nahezu Jahrhundert für Jahrhundert in den Kämpfen, die um Stettin ausgetragen wurden, beschädigt. Im 17. Jahrhundert ging dabei fast die gesamte Ausstattung verloren. Doch immer wieder fanden die Stettiner die Muße, die Geduld und auch die Mittel, um St. Jakobi – die Hauptkirche ihrer Stadt – neu zu schmücken. 1944 jedoch brannte die Kirche aus. Das Dach des Schiffes stürzte ein. Nur der Turm und der Chor blieben bewahrt. Lange Zeit bot St. Jakobi – von weitem wie eine geteilte Kirche ausschauend – ein Bild des Jammers. Seit einigen Jahren jedoch ist St. Jakobi mit neuem Dach versehen, wieder eine Zierde der Stadt.

168 STETTIN – St. JAKOBI – BLICK ZUM ALTAR – Diese Hauptkirche der Oderstadt besaß bis zum Kriegsende eine reichhaltige Ausstattung. Doch schon beim Sturm des Großen Kurfürsten wurde erstmals das gesamte Innere der Kirche zerstört. Danach erhielt St. Jakobi eine einheitlich wirkende sakrale Ausstattung aus Holz. Dazu zählten die Kanzel und das reich mit Schnitzwerk versehene Ratsgestühl. Dazu gehörten aber auch Lichterkronen und die Brüstungen an den Emporen. Als Hauptwerk dieser Zeit entstand im frühen 18. Jahrhundert der Altar. Er mutet monumental an und hält Vergleichen mit Altären in bayerischen Kirchen ohne Zweifel stand. Dieser Altar, dessen Zierat bis in die Wölbung des Chores reicht, fügt sich – erschaffen von Meister Erhard Löffler, auf ideale Art in den gotischen Kirchenraum, dessen Pfeilerwandungen durch farbige Akzente einer verhalten anmutenden Malerei einen bemerkenswerten Kontrast bildeten. All das ist fast vollständig verloren. Im Chor steht jetzt ein alter Altar aus dem in der Nähe des Madü-Sees gelegenen Kloster Kolbatz.

169 STETTIN – CARL-LOEWE-DENKMAL VOR DER JAKOBI-KIRCHE – Musizierende Kinder schmückten das Denkmal, auf dessen Sockel in Überlebensgröße der Organist und Komponist aufragte, der in St. Jakobi über vierzig Jahre zur Freude der Stettiner an der Orgelbank musizierte. Mit diesem Denkmal statteten die Stettiner, die ihren Carl Loewe, den sie häufig schlecht behandelt und mit einer schändlich kargen Pension entlassen hatten, als er alt und krank war, einen späten Dank ab, der einen Komponisten ehrte, der sich allezeit zu ihnen bekannt hatte.

170 STETTIN – GRABMAL DES FELDMARSCHALLS FRIEDRICH VON WRANGEL – Der unter dem schlichten Stein zur Ruhe gebettete preußische Militär gehörte zu den eigenwilligsten pommerschen Charakteren. Er war pflichtgetreu und stolz, ein geborener Charmeur und konnte zugleich eine unglaubliche Grobheit zeigen. Als er 1849 auf Drängen der europäischen Großmächte Jütland räumen mußte, fuhr er den Feldjäger, der ihm den Befehl überbrachte, mit den überlieferten Worten an: »Herr, warum haben Sie sich nicht unterwegs das Genick gebrochen!« Ähnliche Grobheit – ganz ohne einen Hauch von Charme – bewies er beim Einzug in Berlin. Die Revolutionäre hatten angedroht, seine Frau aufzuhängen, wenn er nach Berlin käme. Beim Passieren des Brandenburger Tores prägte er den wenig schmeichelhaften Satz: »Ob se ihr wohl uffjehenkt ha'm?« Sie hatten natürlich nicht. Friedrich von Wrangel gehörte zu den Originalen der preußisch-deutschen Militärgeschichte. Er war, ungeachtet aller soldatischer Strenge, ein Mensch von Fleisch und Blut, an den der einfache Soldat, wenn er Sorgen hatte, herankam.

171 STETTIN – RELIEF AM GEBÄUDE DER BÖRSE – Das Bildwerk verdeutlicht mit dem bekrönten Wappenschild zur Rechten die Tradition der weltoffenen Seestadt an der Odermündung. Der Geist dieser Gesinnung wurde in der Börse, einem klassizistischen Bau aus der späten Schinkel-Zeit, wachgehalten. Der Stettiner Oberbaurat Mathias hat dieses Werk nach Motiven und auch im Sinne Schinkels in das Bild der pommerschen Hauptstadt gefügt. Im Innern des Hauses befindet sich ein ganz im Stile des Klassizismus geschmückter weiträumiger Festsaal.

172 STETTIN – MOTIV AM FISCHMARKT – Die Fischerei gehörte neben dem weltweiten Handel zum »Täglich Brot« vieler Stettiner. Es war wie ein Kreislauf. Die Fischer holten ihren Fang aus der See, aus der Pommerschen Bucht, zuweilen auch nur aus dem Stettiner Haff. An der Hansabrücke warfen viele Fischerboote den Anker, wenn sie nachts oder im Morgengrauen einliefen, um dann in der Frühe die Beute auf dem Fischmarkt zu verkaufen. Diese Aufgabe wieder übernahmen mit viel mundartlich-grober Redegewandtheit die sogenannten Fischweiber.

173 ALTDAMM – HAFEN AN DER PLÖNE – Der kleine Hafen diente vorwiegend Fischerbooten als Liegeplatz. Das Städtchen Altdamm, im äußersten Südostzipfel des Dammschen Sees gelegen, bildet mit der Plöne eine schmale, nur für kleinste Boote schiffbare Wasserverbindung zum legendenumwobenen Madü-See, der wiederum durch den Schönings-Kanal längs des Weizacker zu dem kleinen Plönesee führt. Im Hintergrund des Bildes ist die spätgotische Marienkirche zu erkennen, die im 19. Jahrhundert nach einem Feuer umgebaut wurde.

174 ALTDAMM – RATHAUS – Das Rathaus mit der offenen Vorhalle und dem kleinen Glockenturm erinnert an das Bild vieler Städte östlich der Oder. Das ein wenig zu groß geratene Geviert des Marktes mit dem Denkmal für die Opfer des Ersten Weltkrieges darauf findet sich in unzähligen Städtchen zwischen der Oder und der alten westpreußischen Grenze. Aus Altdamm stammt übrigens der große Lehrmeister Karl Friedrich Schinkels, der Baumeister David Gilly. 1939 wurde die Stadt, die im Krieg schwer zu leiden hatte, nach Stettin eingemeindet.

175 ENTEPÖL BEI STETTIN – MORDSTEIN – In Süddeutschland schauen sie aus wie ein Marterl, zeigen den Schmerzensmann, Name und Inschrift. In Brandenburg-Preußen werden sie Sühnekreuze genannt und schauen aus wie ein Findling aus der Urzeit der Erdgeschichte. In Pommern schließlich erinnern sie in ihrer steinernen Riesenhaftigkeit an Hünengräber, unter deren weitem Schirm Menschen aus einer verwehten Zeitepoche schlafen. Alle drei jedoch, Marterl, Kreuze und riesenhafte Steine haben eines gemeinsam: Sie weisen auf eine meist ungesühnte Untat, auf einen Mord, der aus dem Hinterhalt und häufig noch aus niedrigen Motiven des Hasses heraus geschah. So erinnert das Sühnekreuz an der Berliner Marienkirche an die Ermordung des Propstes von Bernau, an eine in der Tat ungesühnte Untat. Nur durch die Aufstellung des Sühnekreuzes wurde ein Zeichen der Hoffnung eben auf Vergebung – gesetzt. Aus ganz ähnlichen Motiven nämlich um den Mord an einem Barnim durch ein Symbol zu ahnden, wurde der Mordstein in Entepöl Stettin gesetzt.

176 ECKERBERGER WALD – QUISTORPTURM – Der Name Quistorp ist eng mit der Geschichte Stettins verbunden. Südlich des alten Westendsee gibt es einen Quistorp-Park und dicht daneben eine Quistorp-Aue. Kein Zufall, daß die Stettiner auch einen ganz im neugotischen Stil gehaltenen, mit einem Zinnenkranz versehenen Turm im Eckerberger Wald diesem Manne widmeten. Die Stadt hatte dem reichbegüterten Kommerzienrat Johann Quistorp viel zu verdanken. Quistorp war nicht nur wohlhabend. Er war auch – geistesverwandt mit Rudolf Virchow – ein ausgesprochen sozial denkender Mann. Er schenkte den Stettinern als grüne Oase in ihrer Industrie- und Hafenstadt eine weitreichende Erholungsanlage. Er gründete auch ein Waisenhaus, ein Lehrerinnenseminar und unter anderem eine Diakonissenanstalt. Das alles schuf und prägte dieser Mann im 19. Jahrhundert, in einer Zeit also, in der soziales Denken noch keineswegs zum Allgemeingut der Menschen zählte, die Verantwortung trugen. Quistorp handelte in seiner Zeit souverän und visionär zugleich.

177 BEI STETTIN – VERSCHNEITER WEG IM ECKERBERGER WALD – Nördlich von Stettin, an der Ausfallstraße, die über Falkenwalde nach Pölitz führt, liegt die im Bilde erkennbare Kreuzung, die zur Linken nach Krekow und weiter ins Brandenburgische und zur Rechten nach Wussow und von dort zur Alten West-Oder und zum Dammschen See weist. In diesem weiten Waldgebiet ragt auch der auf der gegenüberliegenden Seite sichtbare Quistorpturm auf. Er gilt als Erinnerungsmal an einen großen Stettiner, dessen Werk unvergessen bleibt.

178 DIE ODER KURZ VOR STETTIN – EINSAMER ANGLER – Heute ist das kaum vorstellbar. Die Flüsse sind verseucht. Kein Angler käme auf den Gedanken, in den von großen Dampfern befahrenen Strömen seine Rute auszuwerfen. Früher war das anderes. Früher waren die großen Flüsse, war auch die Oder, fischreich und trug den Anglern bei einigem Glück reiche Beute ein.

179 DIE ODER BEI STETTIN – Die großen Seeschiffe kommen über den Hafen Stettin nicht hinaus. Aber die Lastkähne, aneinandergekettet und von einem Schlepper gezogen, können die Oder, die Paul Keller »das Bauernweib unter den deutschen Strömen« nannte, weit flußaufwärts befahren – über Küstrin und Frankfurt, über Crossen und Glogau, über Breslau und Brieg bis Oppeln und Cosel und von dort weiter über den Klodnitz-Kanal bis zum oberschlesischen Industriegebiet hin. Auf dem Bild ist die Oder von der Berlin-Stettiner Autobahn aus gesehen mit dem Blick nach Süden von Güstow über Kurow in Richtung Greifenhagen am östlichen und etwas südlich in Richtung Schwedt am westlichen Ufer.

180 GREIFENHAGEN – BLICK ÜBER DIE IM KRIEGE ZERSTÖRTE INNENSTADT – Das zwischen Stettin und Schwedt gelegene Städtchen wurde im 13. Jahrhundert unter dem Namen Gryphenhagen als deutsche Ansiedlung gegründet. Befestigt durch Mauern und Türme gewann Greifenhagen als Oderübergang durch die Einnahme von Brückenzöllen erhebliche Bedeutung. Die Stadt wurde zugleich zum Umschlagplatz des Handels vor allem für Güter, die von Stettin her auf dem Landwege ins Brandenburgische gingen. Im 18. Jahrhundert wurden die Wälle niedergelegt, aber die Stadt verlor deshalb nicht ihre Position als wirtschaftliches Bindeglied zwischen Pommern und der Mark. 1945 erlitt Greifenhagen im Verlaufe heftiger Kämpfe starke Beschädigungen. Das Bild macht das ganze Ausmaß der Zerstörungen in der Innenstadt deutlich. Im Vordergrund ist das im gotischen Stil erbaute Bahner Tor zu sehen. Hinter dem ausgelöschten Stadtkern ragt die im 13. Jahrhundert aufgeführte St. Nikolauskirche auf, deren altertümlicher Altar sich jetzt in Stettin im Museum befindet.

181 GARTZ – MALERISCHER WINKEL IM ODERTAL – Gartz liegt am westlichen Oder-Ufer vor der Haustür der Mark Brandenburg, wo sich der Weg nach Schwedt und die Straßen nach Prenzlau öffnen. Die Landschaft mit den Baumgruppen, die sich an das Ufer der Oder herandrängen, erinnert an die Ruppiner Schweiz. Das Städtchen Gartz aber selbst – im Bilde nicht zu sehen – war alles andere als ein Flecken der Romantik. Die Stadt besaß mit ihrem Tabakanbau und den Schiffahrtsrechten auf dem Stromgebiet der Oder eine weitreichende wirtschaftliche Bedeutung.

182 PYRITZ – EULENTURM – Das Städtchen am Rand des Weizacker liegt hart an der alten pommersch-neumärkischen Grenze. Deshalb wohl wurde es schon im frühen Mittelalter ungewöhnlich stark durch eine Stadtmauer, durch acht Türme und mehr als fünfundzwanzig Wiekhäuser befestigt. Doch alle Umwallung nützte den Pyritzern wenig. Ihre Stadt wurde in der Zeit der Reformation und vor allem im Dreißigjährigen Krieg wieder und wieder das Opfer von Plünderungen und litt mehrfach unter ausgedehnten Bränden. Dennoch blieb das ungewöhnlich reizvolle Bild einer im Stile mittelalterlicher Baukunst geprägten Stadt in Pyritz bewahrt. Friedrich Wilhelm IV., der »Romantiker auf dem Königsthron«, setzte sich besonders für die Erhaltung von Pyritz ein und verbot durch königliches Dekret den Abriß von Toren und Mauern. Im Zweiten Weltkrieg wurde die Stadt jedoch stark in Mitleidenschaft gezogen. Wie durch ein Wunder blieben dabei aber die Stadtmauer und der im Bild sichtbare Eulenturm, hinter dem sich der Weg zum Rathaus öffnet, erhalten.

183 PYRITZ – BAHNER TOR – Hinter dem zinnenbekrönten Tor öffnen sich die Straßen zum neumärkischen Arnswalde und nach Soldin. Aber der Hauptweg führt vom Bahner Tor in Pyritz zum benachbarten Bahn, das zu den ältesten Städten Pommerns gehört. In dem kleinen Ort gab es ähnlich wie im oberbayerischen Oberammergau im Mittelalter lange Zeit berühmte und vielbesuchte Passionsspiele, bis es anno 1498 zu einem blutigen Drama auf offener Bühne kam. Der Darsteller des Jesus wurde von dem Darsteller eines römischen Knechtes – natürlich unabsichtlich – erstochen. Darauf kam es zu einem heftigen Getümmel. Der Darsteller des römischen Knechtes wurde zum Tod auf dem Rad verurteilt und die Spiele durften nicht mehr stattfinden. Das im Bild sichtbare gotische Bahner Tor in Pyritz wurde 1945 zerstört. Erhalten blieb jedoch die Erinnerung an das Tor, das die Stadt beschirmte, die wegen ihrer steinernen Schönheit den Ehrennamen »Pommersches Rothenburg« trug. Erhalten blieb aber auch die Erinnerung an die Stadt Bahn, zu der dies untergegangene Tor führte.

184 RÜCKBERUFUNG DES BISCHOFS OTTO VON BAMBERG AUF SEINER ZWEITEN MISSIONSREISE – Otto von Bamberg hat später und mit entschieden mehr Glück als Adalbert von Prag versucht, den Menschen an der Ostsee das Christentum zu bringen. Adalbert von Prag scheiterte. Er wurde von den Pruzzen im Samland erschlagen. Otto von Bamberg dagegen gelang es, Kirchen zu gründen, Gläubige zu gewinnen und den Häuptern der Pommern die Taufe zu reichen. Aber er war dennoch immer in Gefahr. Nicht zufällig ließ ihn der Kaiser daher zurückrufen.

185 PYRITZ – OTTO-BRUNNEN – Der auf dem Bild sichtbare und von einem Kreuz geschmückte Brunnen erhebt sich genau an dem Quell, an dem Bischof Otto von Bamberg im 12. Jahrhundert die ersten Pommern taufte. Das Ereignis gewann Symbolkraft für die ganze Landschaft. Der aus Süddeutschland stammende Bischof weihte dem Kreuz eine Stätte und erhielt mit seiner Tat ohne einen Schwertstreich einen Winkel Europas für das christliche Abendland. Die Pommern nahmen die Geste des Bischofs aber nicht allein an. Sie waren auch bereit, in ihrem nun dem Christentum offenen Land Siedler aus Franken aufzunehmen. Vor allem im sogenannten Weizackergebiet, das im Norden bis zum Kloster Kolbatz und nach Süden hin bis zur neumärkischen Grenze reicht, fanden die Franken Heimat und machten den fruchtbaren Landstrich zu einem Idealbild ländlicher Kultur. Im Weizacker, vor den Toren von Pyritz, gab es nicht nur reiche landwirtschaftliche Erträge. Es blieb auch in Kultur, Sitte und Tracht ein liebenswertes Bild bäuerlicher Überlieferung bewahrt.

186 STARGARD – RATHAUS – Die auf beiden Seiten der Ihna gelegene Stadt besitzt das wohl bürgerstolzeste Rathaus in ganz Pommern. Im 16. Jahrhundert mit einem ungewöhnlich reichen Westgiebel geschmückt, bildet es den Auftakt zu einem einzigartigen städtebaulichen Mittelpunkt. Neben dem Rathaus duckt sich mit ihrem Laubengang die Alte Wache und daneben wieder ragt hoch und unnahbar die massige gotische Marienkirche auf. Kein Zufall, daß Stargard, ähnlich wie Pyritz, häufig mit dem malerischen Rothenburg ob der Tauber verglichen wurde. Die Stargarder wußten freilich auch, was sie mit ihrer Stadt besaßen. Sie bewiesen einen ausgeprägten Bürgerstolz und führten mit dem an Kräften ihnen weit überlegenen Stettin sogar einige Kriege wegen der Schifffahrtsrechte auf der Ihna. Zeitweilig war dieses hanseatisch-stolze Stargard sogar auch Residenz. 1648, als Stettin an Schweden fiel und Hinterpommern zugesprochen wurde, erhoben die Hohenzollern die malerische Stadt zu ihrer Hauptstadt Pommerns.

187 STARGARD – MÜHLENTOR – Die wie ein einziges Bild der Backsteingotik anmutende Stadt gehört neben den Orten an See und Haff zu den wasserreichsten Plätzen Pommerns. Dicht vor der Stadt mündet die Faule Ihna, aus der Neumark kommend, in die Ihna. Von Osten wieder, von dem Land, das nach Dramburg weist, ziehen die Wellen der Gestohlenen Ihna in den Fluß, der Stargard durchströmt und sich dann bis zu der Enge zwischen dem Dammschen See und dem Papenwasser windet. Der Fluß zerteilt Stargard in eine Ober- und in eine Unterstadt. Sechs Brücken führen darüberhin, von Stadtteil zu Stadtteil. Die städtebaulich schönste Überquerung und Durchfahrt zugleich bietet das mittelalterliche Mühlentor. Mit seinen aufragenden, mehreckigen, mit einem Wehrkranz geschmückten Türmen wirkt es von weitem fast wie eine Burg. Aber es ist das friedfertigsten Zwecken gewidmete Bauwerk, das sich denken läßt. Die Einwohner der Stadt können dort den Fluß überqueren und an der schmalen Durchfahrt gelangen Schiffe in den Hafen von Stargard.

188 STARGARD – GEWÖLBE IN DER MARIENKIRCHE – St. Marien wirkt mit seinem steinernen Körper wie ein Dom. Die Stargarder Gottesburg gilt auch als eine der größten Backsteinkirchen Pommerns. Von unverwechselbarer Schönheit ist das im 17. Jahrhundert erneuerte Sterngewölbe.

189 STARGARD – ST. MARIEN – Die riesige Backsteinkirche, hier durch einen gotischen Torturm gesehen, wurde im 14. Jahrhundert begonnen und hundert Jahre später ausgebaut. Zu den Meistern dieser pommerschen Kirche gehört nach der Überlieferung auch Hinrich Brunsberg.

190 STARGARD – PYRITZER TOR – Die wohl malerischste Stadt Mittelpommerns erlitt gegen Ende des Zweiten Weltkrieges in den Altstadt-Gebieten erhebliche Schäden. Die mittelalterlichen Anlagen am Wall und an den Ausfallstraßen dagegen blieben erhalten. Die meisten von ihnen sind aus Backstein, einzelne auch – wie das hier auf dem Bild sichtbare Pyritzer Tor – bis über die spitzbogen-geformte Durchfahrt hinaus aus Feldsteinen oder Findlingen gefügt. Das Pyritzer Tor gehört zu den betont eigenwilligen Bauten vor allem wegen seiner schmucklosen Längs- und Rundblenden. Auch der Treppengiebel zeigt eine Form, die von üblichen Motiven entschieden abweicht. Erhalten blieb auch das Walltor, dessen Giebelbekrönung mit seinem steinernen Schmuck Züge der Renaissance erkennen läßt. Stargard, das wird häufig übersehen, war nicht nur eine schöne Stadt. Es war auch eine Stadt, die manches Schöne zu bieten hatte: Maränen aus dem Madü-See und dazu mancherlei hochprozentiges Gebräu als Labsal nach dem Essen.

191 FREIENWALDE – MARIENKIRCHE – An der Bahnlinie, die von Stargard nach Schivelbein führt, liegt – idyllisch gelehnt an beide Ufer des Großen Staritz-Sees – das Städtchen Freienwalde. Doch die Idylle täuscht. Freienwalde liegt im Herzen des mittelpommerschen Bauernlandes, dort, wo der Tag des Landmannes nie ein Ende nimmt. Freienwalde wurde im Mittelalter zunächst als eine mit Brandenburgischem Recht bedachte Stadt gegründet und kam rechtlich erst im frühen 17. Jahrhundert an Pommern. Zweimal traf diese Stadt ein furchtbares Schicksal, zunächst im Dreißigjährigen Krieg, als Plünderung, Feuer und Pest viele Bewohner zur Flucht trieb. Erst viel später kehrten die Flüchtlinge wieder zurück. 1945 wurde die Stadt ein zweites Mal vom Schicksal getroffen, diesmal durch Brand, Zerstörung und Vertreibung der Einwohner. Bewahrt aber blieb die im 15. Jahrhundert als Backsteinbau begründete Marienkirche, deren ausgeprägtes Sterngewölbe seine steinernen Vorbilder wohl in Stargard hat. Als Besonderheit besitzt Marien noch eine offene Halle im Erdgeschoß.

192 NÖRENBERG – ENZIGSEE – Der Enzigsee zählt zu den Naturschönheiten Pommerns. Ein Teil der umliegenden Landschaft gehörte daher auch zu einem Naturschutzgebiet. Das am Südufer des Sees – im Bild nicht sichtbare – Nörenberg galt zunächst als »Stadt in der Neumark« und wurde erst nach dem Wiener Kongreß zu Pommern geschlagen. Die Brandenburger versuchten, das Städtchen schon im 14. Jahrhundert mit modernsten Methoden zu erweitern. Sie boten den Bürgern Steuererlaß in vielfacher Hinsicht und erwarteten dafür einen zügigen Ausbau der Stadt.

193 NEUHÖFEN – FACHWERKKIRCHE – Das winzige Dorf liegt im Netzekreis. Siedler aus der Weichselniederung haben den Ort im Umland von Filehne gegründet und bauten dort im frühen 17. Jahrhundert eine Dorfkirche, die jedoch 1791 einem Feuer zum Opfer fiel. Doch schon im Jahr darauf bauten sich die Neuhöfener eine neue Fachwerkkirche, in die sie das gerettete Inventar aus der alten Kirche übertrugen, darunter Altar und Kanzel. Der auf dem Bild sichtbare Turm ist neueren Datums. Er entstand in dieser Form erst im Jahre 1929.

194 DEUTSCH-KRONE – BLICK ZUR EVANGELISCHEN KIRCHE – Die malerisch gelegene Stadt besitzt eine farbige Geschichte, die vom Templer-Orden, von den askanischen Markgrafen Brandenburgs und vom Deutschen Orden geprägt wurde. In Deutsch-Krone gab es auch ein Jesuiten-Kolleg, den ein Ewald von Kleist besuchte, der Lessing zum Vorbild der Gestalt des Majors Tellheim in der »Minna von Barnhelm« wurde. Auch Hermann Löns lebte einige Zeit in der Stadt und notierte dort den Vers: »Für den Abend am Radaunensee gäb ich den Rhein mit seinen goldenen Wogen.«

195 SCHNEIDEMÜHL – PARTIE AM NEUEN MARKT – An der alten Ostbahn, die von Berlin über Küstrin und Marienburg nach Königsberg führte, lag ungefähr in der Mitte die Stadt Schneidemühl. Der auf dem Bild sichtbare Neue Markt war ihr Mittelpunkt. Die Stadt, im 15. Jahrhundert Snydemole genannt, sollte 1919 an Polen abgetreten werden. Erst nach harten Protesten der Bevölkerung unterblieb dies Verlangen. Von 1922 bis 1938 galt Schneidemühl als Hauptstadt der Provinz Grenzmark Posen-Westpreußen. Dann wurde es zu Pommern geschlagen.

196 DRAMBURG – St. MARIEN – In Dramburg beginnt die Pommersche Schweiz – geprägt durch den Lauf der Drage und verschönt durch einen Kreis von Seen, der sich um kleine Erhebungen rankt. Das Umland gehörte anfangs dem Kloster Belbuck bis später die »verarmten Zisterzienserinnen« in die im 13. Jahrhundert gegründete Stadt kamen. Der aus dem Hause Wittelsbach stammende Markgraf Ludwig erließ der Stadt die Steuern, um durch die gesparten Abgaben Gelder zur Befestigung Dramburgs zu gewinnen. St. Marien, im gotischen Stil als Hallenkirche erbaut, an die erst im 15. Jahrhundert ein Turm angefügt wurde, zeigt als besonderen Schmuck an den Portalen einen Kranz von Tonplatten, die mit Ornamenten und Gestalten von Fabelwesen verziert sind. Den Altar stiftete der Stettiner Hofuhrmacher Kaspar Nithard. In Dramburg wurde durch den letzten brandenburgischen Kurfürsten aus dem Hause Wittelsbach große Geschichte geschrieben. Otto der Faule besiegelte in der Stadt an der Drage mit König Kasimir einen Frieden zwischen Brandenburg und Polen.

197 DRAMBURG – MARKT UND KIRCHE – Nach der Gründung des Zweiten Deutschen Reiches wurde Dramburg an die sogenannte »Pommersche Centralbahn« angeschlossen. Damit gewann die Stadt, in der bis dahin vor allem das Handwerk blühte, auch Bedeutung als Umschlagplatz für typisch pommersche Wirtschaftsgüter. So wurde über Dramburg das Kolberger Salz transportiert. Landwirtschaftliche Produkte wie Kartoffeln, Getreide oder Saatgut gingen auf dem Eisenbahnwege von der Stadt an der Drage nach Westpreußen, in die Neumark und vor allem auch nach Berlin.

198 FALKENBURG – JUGENDHERBERGE – Das Städtchen im Hintergrund erkennbar, liegt am Zusammenfluß von Vansow und Drage. Die Askanier, der Bischof von Cammin und der Deutsche Orden haben das Gesicht Falkenburgs geformt. Im 17. Jahrhundert entwickelte sich dort eine lebhafte Tuchindustrie, die vor allem durch die Fertigung des »Falkenburger Feldgraus« berühmt wurde. Die im Vordergrund sichtbare Jugendherberge erinnert in ihrem Fachwerkstil und mit dem vorgekragten Giebel an die malerischen Vorlaubenhäuser im Danziger Werder.

199 KALLIES – STADTKIRCHE – Das im Südzipfel Pommerns, dicht an der Grenze zur Neumark gelegene Kallies ist rings von Seen umgeben. In merkwürdiger Verkettung haben die Wittelsbacher und die Hohenzollern in dem Städtchen ihre Spuren hinterlassen. Der aus Bayern stammende Markgraf Ludwig erließ Kallies die Abgaben, damit dafür Wallanlagen gebaut wurden. In den Tagen Friedrich des Großen wieder wuchs im Herzen von Kallies die Stadtkirche empor, die in Stil und Gliederung – bis auf den Turm – an die Potsdamer Garnisonkirche erinnert.

200 BLICK AUF DIE SEENREICHE LANDSCHAFT IN DER UMGEBUNG VON FALKENBURG. Durch den Kreis Dramburg zieht die Drage. Sie kommt aus dem südlichen Hinterpommern, passiert die Grenze zur Neumark und mündet ein wenig westlich vom Knotenpunkt der Ostbahn bei Kreuz in die Netze. Die Drage ist so etwas wie ein Kind der Seenplatte, die sich in der Pommerschen Schweiz von Falkenburg im Westen bis Tempelburg im Osten und von Bad Polzin im Norden mit einer Fülle von verzweigten Seen und Gewässern bis nach Groß Sabin im Süden ausdehnt.

201 BUSCHDORF – BLICK ÜBER DIE FELDMARK ZUR ERNTEZEIT – Das wenige Kilometer nordöstlich von Flatow gelegene Buschdorf wurde 1871 an die von Berlin nach Königsberg führende Ostbahn angeschlossen. Buschdorf ist eine typische ostdeutsche Bauerngemeinde, die gegen Ende des 15. Jahrhunderts unter dem Namen Zakrzewo – den das Dorf übrigens auch heute wieder trägt – gegründet wurde. Der ganze Landwinkel zwischen Küddow und Dobrinka kann als Beispiel einer harmonischen Begegnung zwischen Deutschen und Polen gelten.

202 KROJANKE – INNERES DER St. NIKOLAUS-KIRCHE – Zwischen Schneidemühl und Flatow liegt das von einer bewegten und häufig grimmigen Geschichte geschüttelte Städtchen Krojanke. Im 14. Jahrhundert fiel es von Pommern an Polen, wurde dann im Nordischen Krieg und später in den Tagen Napoleons wieder und wieder vom Leid der Plünderung getroffen, bis es 1945 fast vollständig niederbrannte. Am Markt, wo die nach Plänen Schinkels – im Bild nicht sichtbare – im neugotischen Stil aufgeführte evangelische Kirche aufragt, blieben ganze fünf Häuser erhalten. Das nebenstehend abgebildete Schiff der St. Nikolaus-Kirche entstand durch tätige Anteilnahme der Fürstin Sulkowska im späten 18. Jahrhundert. Der barockisierte Innenraum wird von einem gewaltigen Langhaus umfangen, in das auch Teile des alten Schlosses Krojanke mit einbezogen wurden. Eine ähnliche Verbindung zwischen altem Baustil und dem Barock findet sich auch im ostpreußischen Schloß Heilsberg. Krojanke war übrigens in der Landwirtschaft wegen einer Kartoffelzucht berühmt.

203 NEUSTETTIN – BLICK AUF MARKT UND RATHAUS – Das trutzig wirkende Rathaus täuscht. Neustettin war keine Festung, sondern eine schlichte hinterpommersche Ackerbürgerstadt. Malerisch auf einer Nehrung zwischen dem Streitzig- und dem Vilmsee gelegen, erlebte die Stadt zwei große historische Höhepunkte: Anno 1423 den Glanz eines Fürstentages und am Ende des 16. Jahrhunderts einer eher makabren geschichtlichen Akzent, nämlich einen Hexenprozeß um verdorbenes Bier, der mehr als vierzig Menschen unter Folterungen das Leben kostete.

204 TEMPELBURG – PANORAMA MIT DRATZIG-SEE – Ähnlich wie Neustettin liegt Tempelburg auf einer Landzunge zwischen zwei Seen, dem Dratzig- und dem Zepplinsee. Der Templerorden kolonisierte das Umland. Daher rührt auch der Name Tempelburg her. Später gab es verschiedene Landesherren – die märkischen Askanier, dann als Lehnsträger den Johanniter-Orden, bis dann der brandenburgische Kurfürst Otto der Faule Tempelburg den Polen abtrat. 1657 kam die Stadt an den Großen Kurfürsten und blieb, malerisch aufgebaut, in brandenburgisch-preußischer Hand.

205 MOSSIN – OSTPOMMERSCHES LANDSCHAFTSBILD – Die kleine Gemeinde, deren Häuser im Hintergrund des Bildes erkennbar sind, liegt zwischen Schlochau und Preußisch Friedland. Dies Gebiet fiel nach dem Zweiten Thorner Frieden Polen zu und kam erst im 18. Jahrhundert an die Krone Friedrich des Großen, bis es nach dem Ersten Weltkrieg zur Provinz Grenzmark Posen-Westpreußen geschlagen und 1938 mit Pommern verbunden wurde. Die schwermütig wirkende Landschaft um Mossin spiegelt eindringlich die Empfindungswelt eines Hermann Löns wider.

206 BALDENBURG – PARTIE AM SEE – Die einst zu Westpreußen gehörende Stadt, die sich zwischen dem ausladenden Baltischen Höhenrücken und verschiedenen Seen dehnt, sieht wie aus einem geographisch angelegten Erker zwischen Neustettin und Rummelsburg nach Pommern hinein. Die Baldenburger müssen früher streitbare Leute gewesen sein. So erschossen die evangelischen Einwohner im 17. Jahrhundert einen katholischen Geistlichen am Altar und brannten seine Kirche nieder. Sie mußten die Kirche wieder aufbauen, durften sie aber, wenn es notwendig war, gegen Zahlung einer Buße auch als Protestanten für kirchliche Zwecke nutzen. Ein weiterer Streit entbrannte im 18. Jahrhundert um die Person des Bürgermeisters. Es ging um den Besitz eines Landfleckens. Der Streit mündete in Tätlichkeiten, die schließlich zur Flucht des Bürgermeisters führten. Das gestürzte Stadtoberhaupt ergab sich aber nicht in sein Schicksal, sondern sprach den polnischen König um Rat an. Der König gab dem Bürgermeister recht, der darauf stolz wieder in Baldenburg einzog, um sein Amt wahrzunehmen.

207 SCHLOCHAU – MARKT UND St. JAKOBI-KIRCHE – Wendische Flüchtlinge sollen die zwischen drei Seen gelegene Stadt gegründet haben. Später siedelte sich dort der Deutsche Orden an und baute eine noch heute in Resten bewahrte Burg. Nach der Legende hat Hochmeister Winrich von Kniprode die Schützengilde in Schlochau gegründet. Die am Markt – im Bild erkennbare – hinter Häusern der Wilhelminischen Ära aufragende St. Jakobi-Kirche entstand schon im 13. Jahrhundert, wurde jedoch später mehrfach verändert. Die Ausstattung soll erhalten sein.

208 RUMMELSBURG – STADTKIRCHE – Die Spuren der Geschichte verlieren sich in diesem Winkel Pommerns im 14. Jahrhundert. Anno 1506 wird Rummelsburg wohl als »Stedeken« bezeichnet. Doch das Stadtrecht blieb den Bürgern bis in die preußische Zeit hinein verwehrt. Erst der Soldatenkönig Friedrich Wilhelm I. befahl die Erhebung des Ortes zur Stadt nach lübischem Recht. Am Ende des Zweiten Weltkrieges wurde Rummelsburg stark zerstört. Rings um die barocke Stadtkirche, in der Blüchers Frau beigesetzt ist, standen bis 1945 dichte Häuserzeilen.

209 VARZIN – SCHLOSS – An der Straße zwischen Rummelsburg und Stolp liegt in einem weiten Park das an der Wende zum Barock erbaute Schloß Varzin. Es war lange Zeit in der Hand der Familie Zitzewitz. Kurz vor der Reichsgründung erwarb Otto von Bismarck den Besitz und ließ ihn später – als Reichskanzler – erweitern. Bismarck hat in dem Schloß deutsche Politik geprägt. Doch er verstand es auch, um ein Wort von ihm zu variieren, die »Kunst des Möglichen« zu erfüllen. Er fand in Varzin an der Seite seiner Frau Johanna auch Ruhe und Erholung.

210 LANDSCHAFT BEI WUSSOW IM KREISE RUMMELSBURG – Das schon im Mittelalter gegründete Dorf besitzt nicht allein eine in der Kunstgeschichte gerühmte aus Findlingsblöcken gefügte Kirche; es ist auch in einer von Wald und malerischen Alleen verschönten Landschaft gelegen. Ohnedies zeigt Hinterpommern, das allzuhäufig nur als windumtostes Küstenland oder als ein von Äckern und Wiesen geprägter Bereich der Bauern bezeichnet wird, einen unverwechselbaren landschaftlichen Reiz, der manchen Zug erstaunlicher Anmut besitzt.

211 LANDSCHAFT ÖSTLICH VON RUMMELSBURG – Im östlichen Hinterpommern, vor allem zwischen Bütow und Rummelsburg, lassen sich erstaunliche landschaftliche Gegensätze entdecken. Es finden sich wie angedeutete Berge die Ausläufer des Baltischen Höhenrückens; aber es finden sich ebenso unendlich sich dehnende Ebenen mit Feldern, deren Weite sich am Horizont verliert. Diese Landschaft wirkt zuweilen wie ein Gemälde – mit Gebirgen von Wolken bekrönt, von einzelnen Bäumen oder Baumgruppen belebt, in deren Mitte ein einsames Bauernhaus aufragt.

212 BÜTOW – BURG DES DEUTSCHEN ORDENS – Die als westliche Abgrenzung des Ordenslandes erbaute Burg gilt als Wahrzeichen Bütows. Auf mächtigen, aus Findlingen gefügten Fundamenten erheben sich die aus Backstein errichteten, abweisend anmutenden Mauern der von wuchtigen Rundtürmen umfangenen Burg. Die nach Kulmer Recht gegründete, unbefestigte Stadt, die an der Burg entstand, war häufig Ziel militärischer Auseinandersetzungen zwischen dem Orden, den Polen und Pommern. Auch die Hussiten haben Burg und Stadt angegriffen.

213 BÜTOW – St. KATHARINEN – Die 1657 an Brandenburg gefallene Stadt besaß unmittelbar am Marktplatz eine um 1350 gegründete Kirche. Brände und Baufälligkeiten machten zwei Erneuerungen notwendig, bis die im 18. Jahrhundert aufgeführte – im Bild erkennbare – Kirche entstand. Äußerlich ungewöhnlich schlicht erscheinend, bietet sie zugleich eine Vorahnung der viel später einsetzenden Schinkelschen Bauschule. Auch diese Kirche traf 1945 das Schicksal der Zerstörung. Sie brannte aus und wurde hernach bis auf den Turm abgetragen.

214 KREIS BÜTOW – HINTERPOMMERSCHE LANDSCHAFT – Pommern gilt weithin als Bauernland. Aber es besitzt auch nicht allein an der See oder da, wo sich kleine Höhen über Feld und Wiese erheben, einen unverwechselbaren Reiz. Die Landschaft hat dort, wo Heide oder wie von Künstlerhand in die Natur gestellte Baumgruppen das Auge anziehen, eigentlich keinen Horizont. Sie dehnt sich, soweit das Auge reicht, bis an den Rand des tiefblauen Himmels. Nicht zufällig war Pommern – und besonders Hinterpommern – häufig das Ziel deutscher Maler.

215 LEBA – MOTIV AM LEBAFLUSS – Das im 14. Jahrhundert durch den Danziger Komtur des Deutschen Ordens gegründete Städtchen besitzt eine eigenwillige Beziehung zur See. Leba gilt als Badeort, als Ziel von Malern wie Max Pechstein, zugleich aber auch als Umschlagplatz des Sprottenhandels. Das Städtchen liegt am Lebafluß, der bei Groß Boschpol von Westpreußen nach Pommern strömt, dann durch den ausladenden Lebasee fließt, um dicht nördlich von Leba in die Ostsee zu münden. Dieser Fluß bietet auch den Fischern den direkten Zugang zur See.

216 LAUENBURG – MARKT MIT St. JAKOBI-KIRCHE – Die vom Deutschen Orden gegründete Stadt galt lange Zeit als wichtige Verbindung des Ordens mit dem Heiligen Römischen Reich. Die hinter dem Geviert des Marktes erkennbare St. Jakobi-Kirche entstand im 15. Jahrhundert auf sehr viel älteren Mauern. Das bemerkenswerteste Symbol der Kirche, der gotische Treppengiebel, wurde erst kurz nach der letzten Jahrhundertwende angefügt. In Lauenburg wurde Paul Nipkow geboren, der Erfinder der für das Fernsehen unerläßlichen sogenannten Paul-Nipkow-Scheibe.

217 LAUENBURG – EVANGELISCHE KIRCHE – Neben zahlreichen Erinnerungen an den Deutschen Orden und den geringfügigen erhalten gebliebenen steinernen Überlieferungen aus dieser Zeit, besitzt Lauenburg die im neugotischen Stile aufgeführte evangelische Kirche, vor deren baumumkränzter Portalfront früher ein Denkmal des Großen Kurfürsten stand. Lauenburg besitzt jedoch keineswegs nur geschichtlichte Erinnerungen. Es gilt auch als Mittelpunkt des von einem Naturwunder beschenkten vielzitierten »Blauen Ländchens Lauenburg«. In der Tat drängt sich nicht immer, aber gelegentlich schon ein leichter bläulicher Schein in den Himmel über der Stadt am Lebafluß. Das Naturwunder läßt sich erklären. Es entsteht wie in einer Art Spiegelung aus einer Farbmischung des blauen Himmels, des weißen Sandes, des blauen Meeres und der hellen Dünen, die in diesem Winkel Pommerns an der Küste aufgeturmt sind. Schon der Mecklenburger Fritz Reuter war von diesem Farbwunder über dem »blage Läneken bi Bütow un Lauenburg« fasziniert.

218 STOLP – KREISHAUS – Stolp an der Stolpe galt – Stettin zum Trotz – wohl als eleganteste Stadt Pommerns. Die Stolper hielten auf Lebensart und Stil. Sie hörten auch nicht ungern, daß ihre weit in Hinterpommern liegende Stadt selbst in Berlin als »Klein-Paris« bezeichnet wurde. Die Einwohner hatten jedoch auch allen Grund stolz zu sein. Ihre Stadt war schon früh kreisfrei. Das auf dem Bild sichtbare Kreishaus – also Landratsamt – war nur für das Umland zuständig, nicht für die Stolper selbst. Die Stadt besaß auch ein gesundes Wirtschaftsleben. Die Palette der Handelsgüter, von der Handwerker, Bauern und Bürger gleichermaßen lebten, reichte von der Veredelung des Bernsteins bis zur Produktion der berühmten Stolper Käsesorten. In dieser Stadt lebte wohlgelitten Gebhard Leberecht Blücher als Kommandeur der »Roten Husaren«. Der berühmteste Sohn Stolps aber war ohne Zweifel der spätere Deutsche Generalpostmeister Heinrich von Stephan, der mit Entschlußkraft und Erfindungsgabe dem Wohle der deutschen Post gedient hat.

219 STOLP – SCHLOSSKIRCHE – Hinter dem Stolpefluß, der zur historischen Alten Mühle führt, ragt mit prächtigem, spitzbogenverzierten und rosettengeschmückten Treppengiebel die Schloßkirche auf. Ihr erster Vorläufer wurde anno 1278 gegründet. Im 15. Jahrhundert entstand dann auf den Mauern der ersten Kirche das heutige Gotteshaus. Die Schloßkirche ist ungewöhnlich reich ausgestattet. Einige Zeit diente sie auch als Grablege für die Herzöge Pommerns aus der Linie Croy. Die Kirche wird von ihrer Gründung an bis heute von Dominikanern betreut.

220 LEBASEE – WANDERDÜNE – Auf der schmalen Nehrung zwischen Lebasee und Ostsee haben sich ähnlich wie auf der Kurischen Nehrung in Ostpreußen durch Schwemmsand vielerlei Dünen gebildet. Die größte und bekannteste ist die Lonskedüne, die je nach Wind und Ausbildung und Anschwemmung um die vierzig Meter hoch und fast fünfhundert Meter lang ist. Diese Dünen wandern im Jahr annähernd zehn Meter nach Osten und begraben unter ihrem feinen Sand alles, was sich ihnen in den Weg stellt – Bäume, Strauchwerk, Häuser, ganze Dörfer.

221 LEBASEE – TOTE DÜNENLANDSCHAFT – Der feine Dünensand läßt alles Leben ersterben. Auf dem Bild ist ein im Sand ertrunkenes Waldstück auf der Nehrung am Lebasee zu erkennen. Diese Landschaft erinnert an die Ballade von Agnes Miegel, an die Klage über die Wanderdüne bei Nidden und den Ruf der schwarzgewandeten Frauen, die diesem Fluch der Natur das Wort zuriefen: »Komm' und decke uns zu.« Max Pechstein hat optisch diese Dramatik der Naturgewalt in seinen Bildern festgehalten. Er lebte, beglückt von dieser Landschaft, etliche Zeit in Pommern.

222 JERSHÖFT – WINDMÜHLE – Die windgepeitschte Küste zwischen dem Vietzker und dem Vitter See bietet für die Mühlen, in denen das pommersche Korn gemahlen wird, den idealen Antrieb. Die Küste ist durch den Wind in Gefahr. Sie muß durch Buhnen geschützt werden.

223 STOLPMÜNDE – STRANDBAD – Der kleine, erst nach 1945 zur Stadt erhobene Ort besitzt ein durch geschützte Hänge vielbesuchtes Seebad. Stolpmünde war der Hafen von Stolp, der schon im Mittelalter von der Hanse und später von der Flotte Preußens angelaufen wurde.

224 RÜGENWALDE – RATHAUS UND MARIENKIRCHE – Die durch ihren Handel mit Wurst und Spickgänsen bekannte Stadt besitzt mit der Wipper einen Zugang zur See. In der hinter dem Rathaus aufragenden wuchtigen Marienkirche befand sich bis 1945 der berühmte Rügenwalder Silberaltar.

225 SCHLAWE BLICK ZUR MARIENKIRCHE – Die im Hintergrund erkennbare gotische Marienkirche wurde 1945 stark beschädigt, ist aber inzwischen wiederhergestellt. In Schlawe, dem Landstädtchen an der Wipper, wurde Hans Bredow, der »Vater des Deutschen Rundfunks« geboren.

226 BUBLITZ – MARKT UND St. JOHANNESKIRCHE – Das 1945 ungewöhnlich stark zerstörte Städtchen liegt malerisch auf dem Pommerschen Höhenrücken. Es ist eingebettet in eine Landschaft, in der ein Albrecht von Roon, der große Organisator der preußischen Armee, und ein Ewald von Kleist, Dichter und Soldat zugleich, geboren wurden. Die umringt von Bürger- und Kaufmannshäusern im Mittelfeld des Bildes erkennbare St. Johanneskirche erhielt ihr altgotisch wirkendes Gewand mit dem Treppengiebel erst in der spätwilhelminischen Zeit nach 1880.

227 KÖSLIN – MARKT MIT St. MARIENKIRCHE – Deutsche Feinschmecker nannten Köslin früher wegen seines blühenden Fischhandels »Stadt der Edellachse«. Köslin besaß, als der benachbarte Jamunder See noch nicht versandet war, einen direkten Zugang zur See und damit einen Hafen. Später wurde es Bahnknotenpunkt zwischen Kolberg und Stolp. Die mächtige St. Marienkirche wurde im 14. Jahrhundert begonnen. Sie blieb leidlich erhalten. In Köslin wurde der spätere Stettiner Oberbürgermeister Hermann Haken geboren, nach dem die Hakenterrasse benannt ist.

228 BELGARD – PORTAL DES NEUEN RATHAUSES – Auf dem im preußischen Stil quadratisch angelegten Marktplatz beherrscht das säulengeschmückte Portal des Neuen Rathauses das Bild. Die Stadt an der Persante bewahrt jedoch vielerlei weit in die Geschichte zurückreichende Erinnerungen an Otto von Bamberg, an den einträglichen Salzhandel, an den Bau des bewahrten Hohen und ebenso erhalten gebliebenen Polziner Tores und an Bernd Trittelvitz, den im Kreise Belgard geborenen Dichter, der den Vers prägte, »As ik noch bi di wier, mien Pommernland.«

229 BELGARD – St. MARIEN – In einem Eck des Marktplatzes, zwischen dem Neuen Rathaus und altväterlichen Bürgernhäusern öffnet sich der Blick zu der hochragenden Kirche von St. Marien. Sie bestitzt einen mächtigen Turm, der von einer seltsam verspielten barocken Haube bekrönt ist. Im Innern weitet sich St. Marien in drei ausladenden Schiffen, die – wie viele Kirchen Pommerns – von einem Sterngewölbe beschirmt werden. Der Altar fast bis in die Gewölbespitzen reichend, wurde noch im Zeitalter der Renaissance begonnen und im Barock vollendet.

230 SCHIVELBEIN – SCHLOSSTURM – In dem Städtchen an der Rega öffnen sich die Straßen nach Labes und Dramburg. In Schivelbein haben die Brandenburgischen Askanier, die Templer und auch die Ritter des Deutschen Ordens ihre Spuren hinterlassen. Der im Bild sichtbare Turm stammt von der Burg des Deutschen Ordens. Er wurde im 15. Jahrhundert errichtet und erhebt sich auf einem aus Findlingen gefügten vierkantigen Sockel, während der eigentliche Turm, aus Backstein gebaut, eine runde Form zeigt. Turm und Schloß sind erhalten.

231 SCHIVELBEIN – St. MARIENKIRCHE – In vielen Städten Pommerns bestimmt hinter einem Winkel des Marktes die Kirche das Stadtbild. So ist es auch in Schivelbein. Typisch pommersch ist die Kirche – im 14. Jahrhundert begonnen, aus Backstein aufgeführt, mit einem Sterngewölbe beschenkt und von einer mächtigen barocken Turmhaube bekrönt. 1945 wurde die Kirche stark beschädigt und brannte nieder. Sie wurde restauriert. Der Turm erhielt dabei aber nur ein schlichtes Spitzdach. In Schivelbein wurde der berühmte Mediziner Rudolf Virchow geboren.

232 BAD POLZIN – KONZERTMUSCHEL IM KURGARTEN – Bis an die Grenze der Neuzeit war Polzin ein schlichter, im 13. Jahrhundert durch Benediktiner gegründeter Ort. Aber im Todesjahr des Großen Kurfürsten änderte sich das. Ganz durch Zufall entdeckte ein Handwerker im Umfeld der Wugger einen eisenhaltigen Säuerling. Aufmerksam geworden, versuchte der wundergläubige Pommer mit diesem Wasser einen kranken Freund zu heilen. Das Wunder erfüllte sich, das Wasser half und der Kranke wurde geheilt. Auf diese Weise wurde Polzin als Heilbad entdeckt.

233 BAD POLZIN – JOHANNISBAD – Auf halbem Wege zwischen der Grenze zur Neumark und der Ostsee gelegen, wurde Bad Polzin schon im frühen 18. Jahrhundert zum beliebten Kurort nicht allein für heilungsuchende Pommern, sondern für alle Deutschen. Auch die Königin Luise von Preußen, nach der ein eigenes Bad benannt wurde, fand in Bad Polzin Heilung. In dem im Bilde erkennbaren Johannisbad wurden Moorkuren, aber auch Therapien gegen Ischias und die verschiedenen Arten des Rheumatismus mit erheblichem Erfolg verabreicht.

234 BAD POLZIN – LUISENBAD – Das malerisch am Hang des Pommerschen Höhenrückens gelegene Städtchen wurde auch mit königlich preußischem Glanz bedacht. Lange Jahre vor der Schlacht bei Jena und Auerstedt, vor dem Niedergang Preußens im Zeitalter Napoleons, besuchte die aus Mecklenburg stammende Königin Luise an der Seite ihres Mannes, des Königs Friedrich Wilhelm II., den Badeort. Das Königspaar ging nicht, wie es damals Mode war – und wie es Goethe allen Deutschen vorlebte – nach Böhmen zur Kur, sondern suchte Heilung im deutschen Pommern.

235 BAD POLZIN – STADTPARK – Persante und Rega grenzen nach Osten und Westen den Landstrich ab, der von den Ostdeutschen noch heute als Pommersche Schweiz gepriesen wird. Der Stadtpark von Bad Polzin vermittelt mit seinen seerosen-übersäten romantischen Weihern eine Ahnung von der Schönheit, die sich dem Kurgast von Bad Polzin im Einzugsgebiet rund um den Dratzig-See erschließt. Dort, wo sich die Drage durch die Täler des Höhenrückens windet, bieten sich wieder und wieder Blicke von unvergleichlichem Reiz auf Wasser und Waldungen.

236 KOLBERG – MARKT MIT MARIENDOM – Die Stadt an der Persante besitzt eine reiche Geschichte. Schon in karolingischer Zeit führte die Entdeckung einer Solquelle zur Gründung einer Siedlung, die für Pommern bald viel Bedeutung erlangen sollte. Kolberg wurde zum wichtigen Handels- und Umschlagplatz an der hinterpommerschen Küste. Es gewann aber zugleich enormes Ansehen durch sein Seebad. Auf dem Bild ist – hinter dem Markt – das, um ein Wort des Schlesiers Jochen Klepper zu variieren, »fromme Gebirge« des Kolberger Mariendoms zu erkennen.

237 KOLBERG – DOM St. MARIEN – Er sieht mit seinem breiten, steil aufragenden Turmpaar wie ein Bollwerk, wie eine Gottesburg aus und steht damit stellvertretend für die Gesinnung der Pommern vom Schlage eines Joachim Nettelbeck. Dieser Dom wurde vermutlich bereits im 12. Jahrhundert begründet. Der Ausbau zog sich über lange Zeit hin. Hallenkirche und Chor entstanden bis zum 14. Jahrhundert; Südturm und Nordturm wuchsen mit ihren schmalen, schießschartenähnlichen Fenstern im Obergeschoß noch später empor und wurden erst gegen Ende des Dreißigjährigen Krieges mit einer zart anmutenden, zur Wuchtigkeit des Turmpaares kontrastierenden Spitze bekrönt. Der Mariendom erlitt im Krieg – wie ganz Kolberg – starke Schäden. Dabei gingen der Lettner und die Malereien im Gewölbe und ein großer Teil der reichen Ausstattung verloren. Erhalten blieb unter anderem ein gotischer Schreinaltar, die auf vier Löwenfüßen ruhende Taufe von 1355 und ein etwas früher in Lübeck entstandener siebenarmiger Leuchter, der wiederum auf drei gegossenen Löwenfüßen steht.

238 KOLBERG – DENKMAL FÜR NETTELBECK UND GNEISENAU – Sie beide, der preußische Militär Neidhardt von Gneisenau und der schlichte Kolberger Bürger Joachim Nettelbeck waren in eine Zeit hineingeboren, in der, wie es in einem berühmten Wort ausgedrückt wird, »Kleinmut die Herzen beschleicht.« Die Not war groß und die Gefahr, daß die Stadt nach der Niederlage der Preußen der Willkür Napoleons ausgeliefert wurde, war noch größer. Da führte eines Tages der Hauptmann von Waldenfels den bald siebzigjährigen Nettelbeck mit den Worten zu Gneisenau: »Freuen Sie sich, alter Freund, dieser Herr hier, ist der neue Kommandant, den uns der König geschickt hat«. Nettelbeck berichtete später über diese schicksalsschwere Begegnung: »Ein freudiges Erschecken fuhr mir durch die Glieder und ich rief: »Ich bitte Sie um Gottes Willen, verlassen Sie uns nicht. Wir wollen Sie auch nicht verlassen, solange wir noch einen warmen Blutstropfen in uns haben!« Der Kommandant tröstete mich mit den Worten: »Nein, Kinder, ich werde euch nicht verlassen. Gott wird uns helfen.«

239 KOLBERG – MERKURHAUS – Die Stadt an der Persante steckt voller Gegensätzlichkeiten. Mit nur sechs Kanonen trotzten Gneisenau und Nettelbeck den Franzosen. Sie löschten die »Schande von Stettin und Küstrin« aus, die sich allzuleicht Napoleon ausgeliefert hatten. Die Gegensätzlichkeit wird aber auch deutlich im Bild des Domes. Die gotische Gottesburg deutet auf Abwehr, auch auf Strenge. Doch sie bot in ihrem Innern einen liebenswerten Anblick, der auch harte Männer zum Kniefall vor Gott zwang. Das Häubchen auf dem Doppelturm schließlich führt zu der dritten bis heute in Kolberg sichtbar gebliebenen Gegensätzlichkeit, zum Merkurhaus nämlich, das seinem Stil und steinernen Antlitz nach eigentlich so gar nicht in das Bild dieser trutzigen hinterpommerschen Stadt hineinpaßt. Dies Haus entstand im 17. Jahrhundert – zur gleichen Zeit also, als auch die Spitze auf dem Kolberger Dom emporwuchs. Das Merkurhaus ist ein Renaissance-Bau, der mit seinem reichen Schmuck die Weite der geistigen Seelenwelt der Kolberger auf sinnfällige Weise anzeigt.

240 KOLBERGER DEEP – BLICK ZUM KAMPER SEE – Der ganz flache und nur durch eine schmale Nehrung von der Ostsee getrennte Kamper See liegt außerhalb des Kolberger Stadtkreises. An beiden See-Enden finden sich jedoch zwei winzige Orte, die den Namen Deep tragen. Aber während der weit westlich gelegene schon nach Treptow an der Rega weisende Ort nur die Bezeichnung Deep besitzt, wird die Siedlung nah am Ostufer »Kolberger Deep« genannt. Von dortaus gibt es verschiedene Fährverbindungen, die zu den Ufern des verlandenden Kamper Sees führen.

241 KOLBERG FISCHERHAFEN – Kolberg besaß einen Ruf in der Geschichte. Es hatte Bedeutung als Handelsplatz und Hafen seit der Zeit der Hanse. Das Seebad der Stadt wurde weit über Pommerns Grenzen hinaus gerühmt. Aber die Stadt an der Persante besaß auch Geltung mit ihrer wirtschaftlich gesunden Fischerei. Allerdings mußten die Fischer gegen mancherlei Probleme ankämpfen. Der Hafen neigte nämlich zu starker Versandung. Das hielt aber die Kolberger Fischer nicht ab, mit ihren Fahrzeugen die Fanggründe in der Ostsee anzulaufen.

242 KOLBERG – DAMENBAD – Im alten Preußen – und damit auch in Pommern – waren die Bräuche streng. Man hielt sich an Sitte und Stil. So gab es in den meisten Ostsee-Bädern getrennte Badebereiche zwischen Damen und Herren. Ein gemeinsames Baden wurde bis in die Zeit des Ersten Weltkrieges hinein häufig für unschicklich gehalten. Hinzu kam, daß auch die Bademoden – auf dem Bild leider nur in Andeutungen zu erkennen – noch fast bis zu den Dreißiger Jahren ausgesprochen zugeknöpft wirkten. Heute ist der Begriff Damenbad ein Stück Geschichte.

243 HENKENHAGEN – STEILKÜSTE – Östlich von Kolberg, zwischen Persante und Wonne, liegt der kleine, zugleich als Fischerdorf und als Seebad bekannt gewordene Ort. Als Fischerdorf wurde Henkenhagen viel gerühmt. Als Badeort mußte es gegen mancherlei Probleme ankämpfen. Die Wellen der Ostsee verschlangen lange Jahre hindurch im Jahr mehrere Meter des brüchigen Strandes und drängten sich immer tiefer ins Landesinnere hinein. Erst durch verschiedene Sicherungsmaßnahmen – unter anderem durch Buhnen – wurde der Abbruch der Küste gebremst.

244 KOLBERG – BRANDUNG AN DER WALDENFELS-SCHANZE – Die Ostsee wird gelegentlich als stilles Meer bezeichnet. Aber dieser Eindruck täuscht. Zuweilen können die an das Land klatschenden Wellen die Küste wohl wie ein Hauch umkosen. Wenn aber der Sturm die See peitscht, kann die Ostsee – ebenso wie die Nordsee – leicht zur Mordsee werden. Heinrich George hat, wie er bekannte, die Kraft seiner Stimme beim Brüllen der See erprobt. Die Waldfels-Schanze ist nach dem Zeitgenossen Nettelbecks, dem preußischen Offizier von Waldenfels benannt.

245 POMMERSCHE KÜSTE – MOTIV AUS DEM WINTER – In der kalten Jahreszeit, wenn sich die Eisschollen an der Küste türmen und zuweilen mit einem donnerähnlichen Krachen berstend aneinanderschlagen, bieten sich am Strand nahezu märchenbuchhafte Bilder einer verklärten Seenwelt. Der Strandsaum ist verschneit. Aber aus der Schneedecke, die sich wie ein schützender Teppich über den Sand legt, ragen Strandhafer und Gräser verschiedenster Art steif gefroren und wie versteint auf. Sie halten, wie die Pommern sagen, auf ihre Art Winterschlaf.

246 POMMERSCHE GÄNSE – Die Gans galt in Pommern neben dem Fischfang und dem Anbau von Korn und Kartoffeln als drittes Lebenselixier der Wirtschaft. Das gefiederte Getier bescherte den Bauern unzählige Einnahmequellen. Es lieferte Schmalz, einen saftigen Braten, aber auch Spezialitäten wie Leberwurst und Spickbrust. Das Federkleid schließlich diente als hochwertige Fülle für Kissen und Betten. Zur Erntezeit trieben – auch kleinere Landwirte – ihre Gänse auf die riesigen Felder der Güter, wo sie nicht selten in den Garben wilderten.

247 KOLBERGER DEEP – ALTES BAUERNHAUS – Dort, wo sich die Wellen von Kreiher und Spie leise in den verlandenden Kamper See drängen, liegt jenseits der eigentlichen Gemarkung der Stadt Kolberg, das, was die Pommern unter dem Begriff »Kolberger Deep« verstehen. Das sind, landeinwärts gewandt, aber dem Sturm der See unentwegt ausgesetzt, einige wenige Bauernhäuser. Sie zeigen einen eigenwilligen Stil: Fachwerk, das seltsam verbogen wirkt und ein tief bis zur Fensterhöhe und Türkante herabgezogenes schilfgedecktes Dach.

248 GOLLNOW – WOLLINER TOR – Die auf dem Wege von Stettin nach Cammin gelegene Stadt wurde im 13. Jahrhundert gegründet. Die Lage an der für kleinere Schiffe passierbaren Ihna erwies sich als günstig. Gollnow wurde als Mitglied der Hanse zum Umschlagplatz des pommerschen Handels. Es besaß Zollfreiheiten auf dem Stettiner Haff und auch auf der Ihna. Die Stadt konnte sogar den im Vergleich zu Gollnow reicheren und auch politisch stärkeren Stargardern, wenn sie die Ihna passieren wollten, Gebühren abverlangen. Als sichtbares – stolzes – Zeichen dieser Freiheit zeigte Gollnow eine Kogge im Siegel. Das auf dem malerisch altväterlichem Bild sichtbare Wolliner Tor wurde zu Beginn des 14. Jahrhunderts erbaut. Es zeigt mit seinen schmalen Blenden und vor allem mit den Türmchen auf dem Treppengiebel einen klaren gotischen Stil. Das über 25 m hohe Tor diente im Mittelalter an der Ausfahrt nach Wollin – auf der Insel Wollin – gleichfalls als Zollschranke für durchreisende Handelsleute, die nicht aus Gollnow stammten.

249 STARGORDT – POMMERSCHE LANDSCHAFT – Das Umland des Dorfes mutet beinahe wie ein nördlicher Ausläufer der Pommerschen Schweiz an. Aber das Land ist doch entschieden flacher als der Winkel Pommerns zwischen Bad Polzin, Falkenburg und Tempelburg. In Stargordt stand bis 1945 eines der schönsten Barockschlösser Deutschlands. Ein niederländischer Baumeister hatte es für den Feldmarschall Adrian Bernhard von Borcke aufgeführt. In Pommern sagte man damals: »Der Borcken Mut, der Wedel Tritt, wer det hat, der kümmt mit.«

250 HINTERPOMMERSCHER OSTSEESTRAND – FISCHERNETZE – Für den Ostseefischer gehört das Netz zum unerläßlichen Handwerksgut. Aber es gibt keineswegs nur e i n Netz. Es gibt viele Arten von Netzen – grobe und feine, dünne, dicke und auch Spezialnetze zum Beispiel zum Fang von Flundern. Die meisten Netze hingen an Stahlseilen und wurden damit auch wieder an Bord der Kutter gehievt. Die Netze mußten sorgsam gepflegt werden. Sie wurden nicht nur gelegentlich durch Seehunde und im Winter durch die Kanten des Eises allzuleicht zerrissen.

251 POMMERSCHES BAUERNHAUS – STORCHENNEST – Meister Adebar gilt in der Geschichte Ostdeutschlands als Symbolfigur für die Bauernhäuser in Ostpreußen. Tatsache ist, es gibt bis heute ausgebrannte deutsche Häuser am Frischen Haff, in deren Gemäuer der von einem Storchennest bekrönte Kamin aufragt. Aber der Storch war und blieb bis heute auch in Pommern zuhause. Er nistet gern auf den schilfgedeckten Bauernhäusern. Seine kreisrunden Nester, in denen er lebt und auch die ausgebrüteten Jungstörche aufzieht, bieten einen für ganz Pommern typischen Anblick.

252 GREIFENBERG – HOHES TOR – Im 13. Jahrhundert wurde zwischen Treptow an der Rega und Naugard ein Städtchen gegründet. Doch als die Stadtgründer die Urkunde besahen, entdeckten sie, daß sie vergessen hatten, dem Ort einen Namen zu geben. Das geschah dann erst knapp dreißig Jahre später. Damals nannte man die Stadt »Griphenberch«. Das auf dem Bild sichtbare Hohe Tor gehört zu den Resten der alten Stadtbefestigung. Im Hintergrund des Bildes ist die barocke Haube der im gotischen Stil erbauten dreischiffigen Kirche von St. Marien zu erkennen.

253 TREPTOW AN DER REGA – MARKT MIT RATHAUS UND MARIENKIRCHE – Der kopfsteingepflasterte Markt des Städtchens wird von dem barocken Rathaus flankiert, an dessen Rückseite eine Art Campanile aufragt. Im Hintergrund, hinter den giebelbekrönten Bürgerhäusern, steht die im sehr frühen 14. Jahrhundert begonnene St. Marienkirche. Treptow an der Rega besaß früher auch eine berühmte und weit über die Grenzen Pommerns hinaus bedeutsame Lateinschule, deren Rektor einige Zeit Johann Bugenhagen, der wortgewaltige Mitstreiter Luthers war.

254 HOFF – KIRCHENRUINE AN DER OSTSEE – Die hoch über der Steilküste aufragende Südwand gehört neben der Ruine des Klosters Eldena zu den romantischsten Bildern, die in Pommern zu entdecken sind. Das Kirchlein Hoff ist seit dem späten 19. Jahrhundert vom Verfall bedroht. Es gibt keine Rettung. Der Sturm, aber vor allem die See fordern ihr Opfer. Wenn kein Wunder geschieht, wird die Ruine in wenigen Jahren nach dem Worte Agnes Miegels – »sollst Kreuz und Bibel zum Spielzeug haben« – aus dem malerischen Landschaftsbild Pommerns verschwunden sein.

255 HOFF – SÜDWAND DER KIRCHENRUINE VON DER OSTSEE HER GESEHEN – Das gotische Kirchlein wurde im 13. Jahrhundert gegründet. Damals lag es fast 2 km von der See entfernt. Sturmfluten nagten jedoch beständig am Boden der Steilküste. Schon in der Zeit Friedrich des Großen mußte der Friedhof von Hoff verlegt werden und im Kriegsjahr 1806 war die Ostsee nur noch 15 m von dem Gotteshaus entfernt. Wenige Jahrzehnte darauf konnte sich der Geistliche – wenn der Sturm tobte – kaum noch verständlich machen. Kurz vor der Gründung des Zweiten Deutschen Reiches hatte sich die See bis auf einen Meter an die Kirche herangefressen. 1874 entschloß sich dann die Pommersche Kirchenverwaltung Hoff aufzugeben. Es kam zu einem letzten Gottesdienst. Dann wurde die Kirche geschlossen und das Inventar in den Dom zu Cammin gebracht. In der Zeit der Jahrhundertwende rutschte die Nordfront von Hoff in die Tiefe. Jahr um Jahr brachen dann Wandungen, Gewölbeteile, Fensterbekrönungen und Portale ab. Heute steht – hart an der Küste – nur noch ein Rest der Südwand von Hoff.

256 HORST – STROHGEDECKTES HAUS – Das Dorf liegt – wie das Kirchlein Hoff – an der Steilküste der Ostsee. Ein Teil der alten Fischerkaten stürzte vor einigen Jahren in die Tiefe. Inzwischen ist die Küste befestigt. Horst galt bis 1945 als typisches pommersches Bauerndorf – nach Süden hin umringt von unendlich sich dehnenden Feldern. Nicht wenige Feriengäste suchten in dem Ort, der zwischen der See und einem Binnenwasser gelegen ist, Erholung. Ein malerisches Fließ mit dem märchenbuchhaften Namen Liebelose verbindet dies Binnenwasser mit der See.

257 KAMP IM KREIS GREIFENBERG – ALTE RAUCHHÄUSER – Sie galten an der pommerschen Küste als Baudenkmal. Die alten Rauchhäuser in Kamp waren nach niedersächsischen Vorbildern erbaut, aus Fachwerk gefügt und mit Rohr eingedeckt. Im Innern fand sich meist ein offener Herd in der Mitte der Diele, um die Zimmer und Kammern gelegen waren. Der offene Boden wurde in der Regel als Ablage für das Heu genutzt. Die Häuser standen in der Art eines altdeutschen Haufendorfes aneinandergedrängt in Wassernähe. 1945 wurde dies pommersche Baudenkmal zerstört.

258 CAMMIN – RATHAUS – Dicht am Ufer des Camminer Boddens, der die Verbindung von der Dievenow zur Ostsee bildet, drängt sich das Städtchen Cammin mit dem Blick zur Insel Wollin an den äußersten Westrand des mittelpommerschen Festlandes. Das auf dem Markt gelegene Rathaus wurde in der Zeit der Gotik begonnen und später im Stile der Renaissance erneuert. 1945 erlitt Cammin starke Kriegsschäden. Dabei geriet auch das Rathaus in Mitleidenschaft. Es wurde aber wieder aufgebaut und bildet heute neben dem Dom die Hauptzierde der Stadt.

259 CAMMIN – PORTAL des DOMES St. MARIEN UND St. JOHANNES – Cammin ist eng mit der Geschichte der Christianisierung Pommerns verbunden. Schon Otto von Bamberg soll dort auf einer seiner ersten Missionsreisen eine Kirche gegründet haben. Im 12. Jahrhundert gewann Cammin gewaltig an Bedeutung. Es wurde Bischofssitz und zugleich Residenz der pommerschen Herzöge. Doch schon im 13. Jahrhundert verlegten die Bischöfe ihren Sitz nach Kolberg und das nahegelegene, aufstrebende Stettin lief Cammin politisch den Rang ab. Doch der Dom blieb ungeachtet allen Niedergangs der Stadt bewahrt. Im Todesjahr Kaiser Maximilians I. erhielt er einen breiten wuchtigen Turm, der allerdings im Dreißigjährigen Krieg einstürzte und erst 1934 in der noch heute erkennbaren Form restauriert wurde. Zum Dom gehört auch der einzige in Pommern erhalten gebliebene Kreuzgang. Er wurde in der wilhelminischen Zeit erneuert. Im Dom befindet sich nach der Überlieferung auch die Grablege für verschiedene pommersche Herzöge. Der Domschatz mit dem berühmten Cordula-Schrein wurde 1945 zerstört.

260 CAMMIN – ORGELPROSPEKT IM DOM – Cammin galt von altersher als eine für Musik empfängliche Stadt. Nicht zufällig besitzt der Dom daher auch eine der schönsten Orgeln Pommerns oder sogar ganz Ostdeutschlands. Der reich geschmückte Prospekt ist von einer Statue des Erzengels Michael mit dem Flammenschwert und auch mit anderen Figuretten geschmückt. Dieser Schmuck, die Malerei und die Orgel selbst entstanden im 17. Jahrhundert. Dies Werk erinnert in Stil und Anordnung an die Orgel im ostpreußischen Wallfahrtsort Heiligelinde und auch an die vielzitierte bewegliche Orgel in der Klosterkirche zu Oliva bei Danzig. Das Werk der Camminer Orgel wurde im Dreikaiserjahr 1888 ausgetauscht und von einem Stettiner Meister erneuert. Diese Orgel blieb im Krieg unbeschädigt und wird bis heute bei Gottesdiensten, aber auch bei religiös motivierten Konzerten genutzt. Dem Dom zu Cammin und damit zugleich allen Pommern wurde damit eines der sinnfälligsten Symbole der heilen Welt der Heimat bewahrt.

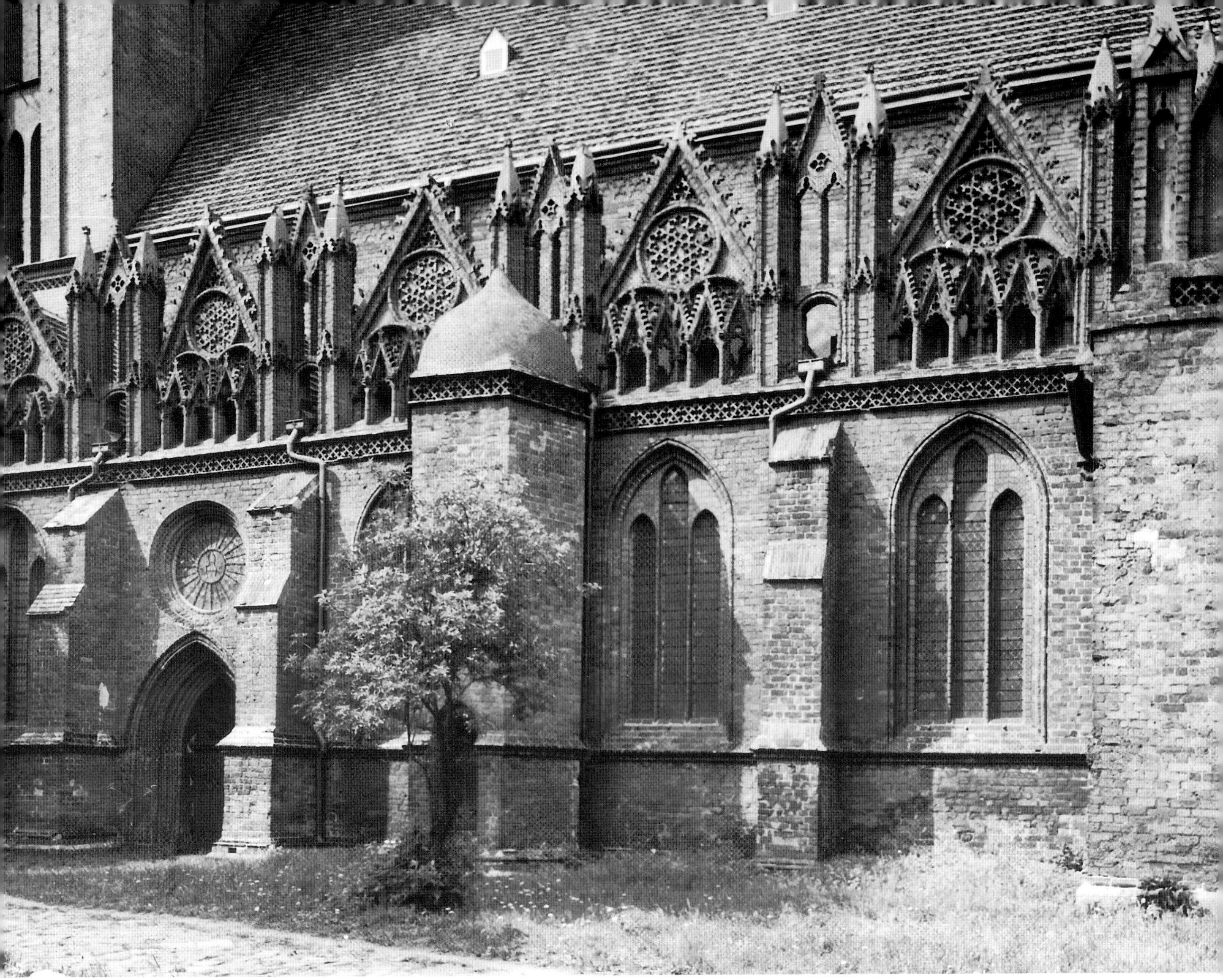

261 CAMMIN – SÜDWAND DES DOMES – Der Dom besitzt hinter der im Bilde sichtbaren Südwand in seinem Innern noch steinerne Anklänge aus der romanischen Bauperiode. Das Äußere, also die schlichten Fenster, die Rosette über dem Portal und die filigranzarten auch rosettengeschmückten Bekrönungen unterhalb des Daches erinnern an die große Zeit der Baukultur im Zeitalter der Staufer. Was damals Erwin von Steinbach in Straßburg, aber auch in Wimpfen am Neckar schuf, ist Geist vom Geiste einer Baukultur, die noch heute alle Europäer in Cammin erfreut.

262 NEMITZ – St. KATHARINA – Der im Umland von Cammin gelegene Ort besitzt die wohl bemerkenswerteste Kirche Pommerns. Sie ist nicht groß und sie ist auch geschichtlich nicht bedeutend. Aber ihr Stil ist einzigartig. Sie entstand auf den Mauern einer älteren Kirche im Jahre 1780. Ihr Baumeister war niemand anders als Schinkels Lehrmeister David Gilly. Er hat eine eher bescheiden wirkende Fachwerkkirche aufgeführt und stellte ihr einen hölzernen Turm in der Art der alten oberschlesischen Schrotholzkirchen, mit Haube versehen, zur Seite.

263 DIEVENOW – DAMPFERANLEGESTELLE – Der kleine Ort liegt auf einer Landzunge zwischen dem Camminer Bodden und der Ostsee. Er war Fischereihafen und Seebad, Erholungsort und Ausflugsziel für die Pommern und die Gäste, die diesen Winkel Deutschlands einmal besuchten.

264 PANSIN – ALTE ALLEE – Dicht vor den Toren Stargards, im Lande, wo der Krampehl in die »gestohlene Ihna« mündet, liegt diese von Baumkronen wie von einem Domgewölbe beschirmte Allee. Sie ist ein Weg, der noch immer, noch heute gedanklich in die Heimat Pommern führt.

POMMERN

- Kreisgrenze
- **KREISFREIE STADT** (Stadtkreis)
- **KREISSTADT**
- weitere Städte
- *Netzekreis* abweichende Kreisbezeichnung

- Reichsgrenze (1937)
- Provinzgrenze
- Pommern (1939)
- Regierungsbezirk